灵魂深处

生活所感·读书所得

曾　经　主编

曾国平　撰文

重庆大学出版社

让灵魂有趣

前 言

漫步灵魂深处

一个人灵魂的深处都有些什么？看不见、摸不着，怎么知道？

其实，一个人灵魂深处的东西会自然流露、本性展示、本然显现。

灵魂的深处有阳光，有阴影；有高大上，有平淡日常；有诚信，有欺妄；有担当，有推诿；有负责，有逃避；有善良，有丑恶；有热闹，有闲适；有伟大，有卑鄙；有趣味，有枯燥……

在灵魂的深处，人的一半是天使，另一半可能是魔鬼！

在灵魂的深处，还有一个字："静"！

让浮躁的心态静下来，让暴躁的心灵静下来，让狂躁的灵魂静下来——处于一种"禅状态"。

于是，曾教授在这本书的一开始就用了13篇短文描写灵魂，每篇都突出一个"静"字！接着，曾教授又用了近20篇短文写读书，也是让人们静心读书，通过读书让灵魂静下来！

静观曾教授近几年写作出版的几本书：《让生活爱我》[1]及其姊妹篇《灵魂深处：生活所感·读书所得》，《静心悟道：100个故事的启迪》[2]及其姊妹篇《国学智慧：讲好传统文化故事》[3]，都是"扒拉灵魂"的作品，都是漫步灵魂的文化，都是灵魂有趣

---

1 曾经,曾国平.让生活爱我 [M].重庆：重庆大学出版社,2016.
2 曾国平,曾经.静心悟道:100个故事的启迪 [M].重庆：重庆大学出版社,2017.
3 曾国平,曾经.国学智慧:讲好传统文化故事 [M].重庆：重庆大学出版社,2021.

的人的生活，也都可以显性、隐性地看出曾教授的"静"字用意！

一如曾教授在《国学智慧：讲好传统文化故事》中评点诸葛亮那 86 个字的《诫子书》所说的：诸葛亮一开始的三句话，就连续用了三个"静"字，而且都成了经典："夫君子之行，静以修身，俭以养德。非淡泊无以明志，非宁静无以致远。夫学须静也，才须学也。"

曾教授为不少人签书题字，都签了"静以修身"四个字。我也知道，曾教授特别喜欢的一句话是"静心方可悟道，笃行始达至善"。

读书要静，听演讲要静，看别人微信上的短文要静，工作要静，过日子要静，品茶要静，即使是喝酒，本来要热闹的，亦须闹中求静！

"每逢大事有静气"，曾国藩如是说。

静下心来品读曾教授这本《灵魂深处：生活所感·读书所得》，发现曾教授将自创和引用的 118 句经典语言作为标题，并用"生活所感·读书所得"的形式写出了对这 118 句经典语言的理解、体会和感受，细读之，就与曾教授在思想、精神和灵魂上"串门"了，"神交"了。与曾教授一起漫步于灵魂深处，坐上灵魂的摆渡船，去观赏灵魂两岸优美语言文字的大美风光，去领略灵魂深处流淌着动听旋律的画卷，去神交书籍中文化大师们的思想精神尊容，岂不快哉，不亦乐乎！

这本书，也是曾教授那本《让生活爱我》的姊妹篇。

为曾教授主编这本书，是我学习的好机会，也是我的荣幸。

与曾教授合作编写过几本书，也算是曾教授的知音、知己了，在我的灵魂深处也深深地打下"曾氏妙语"的烙印，受用得很呢！

在感谢曾教授提供如此丰富精神食粮的同时，我也代表曾教授感谢本书中引用了其成果的知名和不知名的作者，感谢重庆大学出版社领导和编辑们的辛勤付出！

让我们继续在灵魂深处悠闲地漫步！

曾　经

2021 年 2 月于重庆大学城

目 录

灵魂深处

4 |

5

{1 灵魂的摆渡

灵魂的深处，一半是光明，一半是黑暗，
乘坐艺术的航船，摆渡到那光明的彼岸。

生活所感·读书所得

人，都有灵魂！没有灵魂是植物人；即使不是植物人，如果没有灵魂，也只是行尸走肉！

灵魂，有高尚和丑恶之别。高尚或丑恶的灵魂，都会深埋在人的躯体里，流淌在人的血液中，怎么看得见？

灵魂，会在一个人的一言一行中，在一个人的为人处世中，在一个人的工作、生活和学习中，不知不觉地流露出来。在许多情况下，自己还没有意识到，灵魂就暴露出来了。

他人一见便知此人灵魂的高尚或丑陋！

灵魂，也有可能被人强行地"扒拉"出来。

有人说，各种艺术，包括绘画艺术、音乐艺术、舞蹈艺术、演讲艺术、文学艺术、领导艺术等，都是"扒拉"人灵魂的活儿。这些艺术形式既扒拉别人的灵魂，也显露自己的灵魂。

真正的艺术，都责无旁贷地将受众丑陋而黑暗的灵魂摆渡到灿烂光明的彼岸。

"野渡无人舟自横"。

艺术家，就是摆渡灵魂的艄公；作家、教师、演讲者、企业家、党政领导、父母，其实也是摆渡灵魂的艄公，作家的作品、教师对学生的教导、演讲者的演讲、企业家对员工的领导、党政领导对部下的栽培、父母对儿女的养育，也是在摆渡灵魂，当然首先是在摆渡自己的灵魂，渡人也渡己。

每个正常的人，也是自己灵魂的摆渡人。把自己的灵魂从光明摆渡到黑暗的人，将万劫不复，遭人唾弃；从黑暗摆渡到光明的人，将劫后重生，有灿烂人生！

《山·林》 曾星玥（2019年）

{2 灵魂的贫穷

> **物质上的不足是容易弥补的，**
> **而灵魂的贫穷则无法补救。**

生活所感·读书所得

这是两句不少人熟知的名言。

古往今来，每个时期、每个地方都有贫穷的人，人们一提到"贫穷"二字，马上想到的是缺衣少穿，没吃没喝，没有住所、没有钱用。

这些都是物质上的不足，应该是贫穷。特别是到了近代，贫穷是有一定客观指标的。

只要勤奋，大多数人都能够弥补物质上的不足。

灵魂的贫穷指的是什么？

有没有客观指标？

有没有补救办法？

一般来讲，灵魂上的贫穷，主要指的是精神上的贫穷，就算很有钱的、物质财富很丰富的人，也有可能被人说成"穷得只剩下钱了"！

最可怕的贫穷是在一个人心灵深处。

他可能很贪婪。

什么都想得到，但又不愿意勤奋获取。

他可能害怕贫穷。

在灵魂深处因为贫穷而产生了冷漠、绝望、愤怒、无奈、不满、麻木，甚至种种恶念。

"外在的一切，都是内心的映射"；

"所有的言行，不过是灵魂的外化"；

只要灵魂高尚，即使在物质上贫穷，他也是富有的；

一时贫穷的人也会有"咸鱼翻身"的时候，到那时，财富会滚滚而来！

灵魂的贫穷，会让已有的财富付诸东流，也会让自己在物质上迟早贫穷！

灵魂、精神上的贫穷一般不是外界造成的。

有道是："太阳不会因为乞丐和拾荒者的身份而不给他们阳光。鲜花也不会因为路人的贫富而有选择地释放香气。"

要我说，灵魂的贫穷也是可以补救的，唯一补救的方法是学习、修炼，自我拯救！

{ 3 灵魂的碰撞

星球的碰撞，可能产生毁灭的火花，
灵魂的碰撞，可能产生智慧的光芒。

生活所感·读书所得

洪荒的宇宙，无际的苍穹，无边的时间，星球无数次碰撞过，可能毁灭了无数的星球、无数的生命、无数的财富。

一提到星球碰撞，人们马上想到的就是世界末日，其实，星球碰撞可能产生新的星球、新的物体、新的生命、新的财富！

思想与灵魂的碰撞，可能让两种、多种思想与灵魂受伤，甚至毁灭，产生思想的悲剧、思想的沉沦、思想的暗淡！产生灵魂的深渊！

人，人类，并不希望星球碰撞，尽管它也有好处！

人，人们，都希望有灵魂的碰撞，尽管它也有弊病！

英国的幽默大师、语言大师、戏剧大师萧伯纳曾经形象地比喻过：

两个人交换苹果，每个人只有一个苹果；

而交流思想，就完全不一样，因为每个人会同时有两个

思想。

而且，思想的交换、交流，经过碰撞，会产生智慧的火花，产生新的思想。

每个人得到的可能远远超过两个思想。

高人与高人，也会进行灵魂的碰撞！

当年，孔子去拜望老子，向老子谈了自己的一些观点，老子既评价了孔子的观点，也谈了自己的观点，那算是大师之间思想与灵魂的碰撞，对孔子儒家学说的发展极有帮助，对孔子成为万世师表大有裨益，为后世留下了宝贵的精神财富！

其实，即使是平凡人之间，也可以进行灵魂的碰撞，从而使每个人的灵魂都高尚起来；平凡人也可以与高人进行灵魂的碰撞，虽然与这些高人见上一面都很难，但完全可以"溜进"他们的书里，与他们进行无声的对话碰撞。

无论是平凡人还是高人，自己也可以与自己进行灵魂的碰撞。

自我灵魂碰撞，可以让自己光明的、高尚的灵魂，战胜黑暗的、丑陋的灵魂！

{4 灵魂的家园

> **灵魂:**
> **四海为家即无家;**
> **无处不在无处在;**
> **让灵魂有个家!**

生活所感·读书所得

灵魂在哪里?只要灵魂未出窍,就在人的躯体里。

有人说,只有死了的人,灵魂才游离在身体之外。

其实不然,就是活着的人,也有灵魂出窍、灵魂不在躯体内之时,此时,灵魂就四处漂泊,没有一个家!

台湾就有一部纪录片《让灵魂回家》,讲的是远古的神话故事,年轻人要找回祖灵及部落灵魂。

比如,中华优秀传统文化,就是中华的根、民族的魂。一个没有文化或没有传统文化的民族,就没有根基,没有灵魂,就没有层次,总是飘着,不可能持久地立于世界强国之林,得不到世界其他民族的尊敬。

让中华优秀传统文化回家,让中华传统文化在中华大地扎下根,永远传承下去并发扬光大!

一个人的灵魂也应该有个家，这个灵魂的家，就是这个人的目标追求，让自己的目标有实现的可能，目标实现了，灵魂就回家了。目标没有实现，就继续努力！

我们是从哪里来的？我们的初心是什么？我们将向何处去？我们将如何担当使命？实现初心就是一个人灵魂的归宿！

2017年4月5日清明节，我与夫人、儿子、儿媳、大姐、二姐、大妹、小妹一起到重庆涪陵乡下为父亲、祖父、祖母扫墓。

各种必要的仪式做完后，我在祖先的坟墓前对亲人们发表了一通演讲，其中有两句话是这样说的：亲人们，我们今天站在祖先的坟墓前，就知道自己是从何而来的，也知道自己将向何处去。

在回重庆的车上，我又对儿子、儿媳发表了一通演讲，其中的几句是这样说的：孩子们，我们曾氏后代子孙们有两件事情一直要做下去：第一，每年清明节都要坚持为祖先扫墓祭祀；第二，曾氏家庭每年搞一两次活动，全家每个成员都要出点钱，集中起来寄到贫困山区去，用于救助贫困儿童！儿子儿媳点头称是！

也许，这也是灵魂的一个家！

{5 灵魂的重量

> **理想是一把尺，量出一种见识的长短；**
> **追求是一杆秤，称出一个人灵魂的轻重。**

生活所感 · 读书所得

诗人流沙河有一首名为《理想之歌》的诗，多年前我就很喜欢，曾在我的书中引用过，他把理想比作石、火、灯、路、珍珠、罗盘、船舶、闹钟、肥皂。他说："理想是石，敲出星星之火；理想是火，点燃熄灭的灯；理想是灯，照亮夜行的路；理想是路，引你走到黎明……"

我也很欣赏这句名言：理想是一把尺子，量出一种见识的长短。这是很好理解的：有理想、有抱负的人，他会站得高，看得远，胸怀广大，谈吐非比一般，见识当然一流；没有理想的人，哪里谈得上有什么见识可言？长短立马见分晓！

理想，不是可有可无的点缀品，而是一个人生命的动力，有了理想，就等于有了灵魂。一个人的理想通过他的行为方式、言谈举止表现出来，几乎可以"看见"；但是，一个人的灵魂，看也看不见、摸也摸不着，又怎么能用一杆秤称得出它的轻重呢？

其实，一个人的灵魂是有重量的！在司马迁的《报任安书》中就有这样的话："人固有一死，或重于泰山，或轻于鸿毛。"

9

1945 年，毛泽东在纪念张思德的悼词中，引用了司马迁这句话。显然，一个人的灵魂是有重量、有轻重的。

关键是用什么来衡量灵魂的轻重？其实，人都是有所追求的。只不过，追求什么、怎样追求、追求到手后又怎么做是不同的。有人追求的是名利，如果是正当的追求，也无不可，但是，如果一味追求名利到不择手段的地步，这样的灵魂可能就是肮脏的、黑暗的、丑恶的，这样的灵魂就没有什么重量，不要说是轻的，甚至可能是"负重量"！有人追求的是对他人、对社会的有益和贡献，勤奋努力，达成了目标，又确定新目标，继续追求，这样的灵魂重于泰山，哪怕它只是躯体，因为它是灵魂中理想的追求！读一读这些名人名言，或许一个人灵魂轻重的秤就在我们手中了：

但丁说：人不能像走兽那样活着，应该追求知识和美德。

周海中[1]说：尊重而不迷信权威，追求而不独占真理。

莱辛[2]说：对真理的追求，比对真理的占有更可贵。

华兹华斯[3]说：一个崇高的目标，只要矢志不渝地追求，就会成为壮举。

叔本华说：人的本质就在于他的意志有所追求，一个追求满足了又重新追求，如此永不停息。

高尔基说：一个人追求的目标越高，他的才力发展得越快，对社会就越有益。

是的，人的高贵与否，贫穷与否，根本说来，不完全取决于他的身份和地位、他的金钱和财物，而取决于他的灵魂。

---

1 周海中（1955— ）中国数学家、语言学家、科学家。
2 多丽丝·莱辛（1919—2013）英国女作家，2007 年被授予诺贝尔文学奖。
3 华兹华斯（1770—1850）英国浪漫主义诗人，代表作为《抒情歌谣集》。

{6 灵魂的超脱

灵魂寄宿于躯体，灵魂不应被奴役。

生活所感·读书所得

灵魂寄宿于一个个鲜活的躯体。灵魂的圣洁与否，不会因为躯体的伟大与平凡而有什么别样的选择。伟大的灵魂，常寄宿于平凡的躯体；丑恶的灵魂，有时也躲在美丽的外貌后面。

灵魂虽然寄宿于人的躯体内，但它是自由的。思想的自由、精神的自由、灵魂的自由，不是想做什么就做什么，主观内在因素和客观外在因素，决定了谁都不可能那么任性，有时，过一过"想象的瘾""脑瘾"，也无不可，每个人都有过这样的经历，比如：开展一段柏拉图式恋爱；想象自己变成亿万富翁。但是，只有"想不做就不做"，可能才是灵魂真正的自由，虽然难以达到，可能是"理想国"，但自由的灵魂总是快乐的！

人、人们、人类，往往不是别人不给你灵魂的自由，而是自己奴役了自己的灵魂。

塑造各种形态的泥人、石人，最初只是一种精神寄托、一种期许，以此祈求幸福平安，到头来，它们却反过来奴役了人的灵魂，认为在它那里有什么神秘的力量左右着人们，于是乎，

就对它顶礼膜拜，自己的精神和灵魂就不自由了。

为了物物交换的方便，人们发明了一种媒介：货币。最初，一只羊等于两把斧子；后来，人们将金银当作媒介；再后来将纸币当作媒介；现在是观念上的货币——数字货币。于是，就产生了货币拜物教，多少人的灵魂被货币掳走了，被无形的牢狱奴役，人不自由了。

纸牌的发明，起初是为了谋利、娱乐；麻将的发明只是为了娱乐，后来有人用它谋利，再后来，纸牌和麻将却将不少人的灵魂奴役了。人不自由了。

手机的发明，多么神奇，什么都方便了，网购、网聊，就连谈恋爱，当面也不用说话了，即使近在咫尺的两个人，也要用手机聊天。就这样，不少人成了手机的奴隶，手机依赖症不轻！手机把不少人的灵魂奴役了！

现代社会，许多人面临巨大的精神压力，对人生、家庭、爱情、事业、人际关系、子女教育、收入、房贷、车贷等，感到迷惘、彷徨、苦闷、烦恼，精神上不快乐，灵魂上就无自由可言了。

怎么办？灵魂的绝对自由只是过"脑瘾"，不可能都付诸行动，但是，可以"让心态更阳光"[1]，可以如秦孟潇先生所说的，不妨来点生活的"禅趣"，如曾国平先生说的，来点生活的幽默，让心灵快乐聪慧。

灵魂：快乐就自由！灵魂：自由才快乐！

只有自由的灵魂才能永葆青春！

让灵魂像梦一样自由！

1 曾国平.让心态更阳光[M].重庆：重庆大学出版社，2011.

{7 灵魂的感受

圣洁的灵魂无处不在，不净的灵魂比比皆是。

生活所感·读书所得

一个人的灵魂隐藏在躯体里，怎么看得见？其实，人的灵魂可以通过人的感官感受到！

古有灵魂附体之说。这人着了魔，被妖魔鬼怪上了身、附了体，言行怪怪的。

古有灵魂出窍之说。有人说，人刚刚死亡，灵魂飘到了上空，还能看到亲朋好友在自己的躯体前哭泣。那么，后来灵魂又到哪里去了呢？虽然有人死而复生，但谁又说得清楚人死了魂到哪里去了？人死如灯灭！

神话故事里，有很多描写灵魂出窍的文字，如《西游记》里，孙悟空的魂魄被黑白无常勾到了阴曹地府。

就在今天，不少人在工作、生活、学习时也常常灵魂出窍：这人怎么像丢了魂似的，做事心不在焉、魂不守舍？

灵魂如同阳光雨露，漫洒神州大地，人人看见了、人人享受了！

我喜欢听一些演讲，或当面听，或通过光碟听。比如有"演

讲大师"之称的曾仕强，他的演讲光碟我看了多次，感受到他的灵魂！

许多人喜欢阅读，可以感受不同人的灵魂。有一位作者这样描写：读"老骥伏枥，志在千里"，感受到了曹操"气魄雄伟，慷慨悲凉"的灵魂；读"衣沾不足惜，但使愿无违"，体会到了陶渊明"逃脱世俗樊笼"自足的灵魂；读"抽刀断水水更流，举杯销愁愁更愁"，理解了李白"陡然坠落的心情和愈饮愈浓的愁苦"的灵魂；读"日暮乡关何处是？烟波江上使人愁"，揣摩到崔颢思家心切却又茫然空虚的失落灵魂；读"可上九天揽月，可下五洋捉鳖""世上无难事，只要肯登攀"等诗句，便体味到毛泽东那大无畏的伟大领袖的气魄和灵魂所产生的感染力！

其实，在人与人的交往中，在品茶、饮酒、用餐、乘车、就医、听课等活动中，只要用心，就能感受到别人不经意间出了窍的灵魂；同样，别人也能感受到你自然而然出了窍的灵魂！

于是，人们有理由、有责任、有义务让自己的灵魂尽量干净一些！

当美的灵魂与美的外表和谐地融为一体时，人们就会看到，这是世上最完善的美。

8 灵魂的漫步

> **给心灵放个假，让灵魂在纯真的世界中漫步。**

生活所感·读书所得

上学读书时，我有一个特别深刻的感受：喜欢放假，不喜欢考试。

后来工作了，我还是喜欢放假，不喜欢考核！

多次演讲谈到，有关方面要多放一点假。这不，周日放假，周六也放假了！不少人建议周五下午也放假。我倒是建议元宵节放假，吃元宵、闹元宵，多具有中华传统文化的味道呀！我甚至鼓吹，从春节一直放到元宵。我甚至更鼓吹，农历的 24 个节气当天最好也放假。

我的理由是：第一，尊重人，以人为本，人都有崇尚自由的本性；第二，中华传统文化总要落实到具体行动上来；第三，节日经济，拉动内需，刺激消费；第四，随着互联网、物联网、大数据、信息化、智能化的发展，人都解放出来了，就多放点假，旅游、培训、学习、读书、消费、交友，多好啊！

放假了，放长假了，身体可以放松、休息一下。但是，心灵放假了吗？

身体很累的人，可能心态很好，只要心不累，就感觉不到累；只要心不苦，就不辛苦。

身体不累不苦的人，可能心里不轻松，心理压力很大，心灵备受折磨。

身心都放松的人是有的，它是一种灵魂深处的轻松、放松。

修炼身心，给自己的心灵放个假，因为心累了。

纷繁复杂的世界，哪里有纯真可以让灵魂去漫步？

看看蓝天白云，呼吸一下新鲜空气；

听一听轻音乐，摆弄一下乐器，参加一场音乐会；

听一场精彩的演讲，有的演讲，也有可能是让人放松的；

读一些富有哲理的书籍，读一些名言警句；

旅游是不错的选择，当你怡情山水间时就会忘却烦恼；

跟孩子一起玩耍，忘记自己是老人、大人；

做一些体育活动，跳舞、健身、唱歌，玩一些不以赢钱为目的的扑克牌、麻将；

泡泡澡、足浴一下，按摩按摩，做做园艺，搞点野餐，雨中漫步；

不妨写一本书，是否出版先不要管它；写点诗，先从顺口溜写起；经常写点有意义、有意思的随笔，先发在朋友圈里！

加入一些健康的微信群，学会给别人点赞，久而久之，你写的东西也会有人点赞；

画画，欣赏别人的作品；

学点做菜的手艺，时不时犒劳一下自己和家人；

有时做一下家庭卫生，与宠物玩一玩；

找一处僻静的地方，如大海边、森林深处，去清空大脑，让大脑处于一片空白，冥想。

这些都是"纯真的世界"，只要你愿意把自己的灵魂放进去漫步就行了！

记住了：带着希望上路，但要面临的也许是电闪雷鸣，走向远方，需要不屈的灵魂。

《园与道》 曾星玥（2019 年）

{9 灵魂的伟大

一个伟大的灵魂，会强化一个人的一切。

生活所感·读书所得

人们都羡慕一个人拥有伟大的灵魂。

什么样的灵魂才称得上"伟大的灵魂"？

才华、财富、权力、霸业，这些只是表面上的东西，甚至是孤芳自赏、昙花一现的东西。

伟大的灵魂，是灵魂的深处常驻家国情怀，有为之追求的理想梦想，有强烈的社会道德感和责任担当，更要有兼济天下之心。

有人说，这是伟人哟！伟人才有伟大的灵魂哟！

是的，伟人有伟大的灵魂；有伟大灵魂的人才是伟人！

有一本书《伟大的灵魂：托尔斯泰》，从书名看就可以说，托尔斯泰是俄罗斯伟大的灵魂。

他的灵魂，在百年前曾是大地上燃烧的火焰，在百年后，依然照耀着我们的时代。

他的思想抚慰了多少个脆弱的灵魂。

伟人太少，但是，凡人也可以有伟大的灵魂！

苏教版小学六年级课本中有一篇《船长》：在生死存亡的危急关头，一个平凡的人、"诺曼底"号的船长哈尔威，一心想的是先救乘客，把救援妇女、儿童放在首位，唯独没有想到自己的安危，这种崇高的精神境界震撼着船上的每一个人，人们从心底里升腾起崇敬和服从感。

虽然这位船长由此结束了生命，但很好地诠释了平凡人也有"伟大的灵魂"！

其实，在我们身边，不乏托尔斯泰这样的伟人，如科学家、企业家、教授、艺术家、作家，但更多的是在平凡岗位上的军人、工人、农民、教师、医生、司机、清洁工。

他们也有伟大的灵魂！

因为伟大的灵魂，会强化我们的思想和生命，让我们的思想更高远、更坚强；让我们的生命更光辉、更有意义；甚至让我们的爱情更加丰富、更加有味，因为，爱情本身就是两个灵魂的结合。

人们始终坚信：灵魂支撑起人生的蓝天！

{10   灵魂的进步

> 创新是一个民族进步的灵魂，
> 是国家兴旺发达的不竭动力。

生活所感·读书所得

2003 年 3 月 3 日，我在中央电视台《百家讲坛》做了"创新思维与创造力发挥"的演讲。后来，我又在全国做了多场关于创新方面的演讲，并出版了《让思维再创新》《创新思维与创造力》《管理创新：将智慧转化为财富》等著作，其中多次引用了江泽民的这段话！

创新是一个民族进步的灵魂，是国家兴旺发达的不竭动力。同时，一个地区要发展、一个企业要发展，创新是必备的动力和灵魂！

在拉丁文中，创新是"生长"的意思，如种庄稼：春种一粒粟，秋收万颗子，这就是创新。

在古罗马，有很多神，其中一位叫赛瑞斯的大地和丰收女神，这"赛瑞斯"三个字，就是创新的意思。

中国带"新"字的成语有很多，其中一个成语是"革故鼎新"，它的意思是去除旧的，建立新的。

现代意义的创新，意思就更广泛了：更新、改变、创造、改进、改造、改良、变革、革新、改革……

美国《未来学家》说："竞争优势的秘密是创新。"

现代管理之父德鲁克说：作为企业，"要么创新，要么死亡！"

革命导师们马克思、恩格斯、列宁、斯大林、毛泽东、邓小平、江泽民、胡锦涛，以及习近平总书记，都是创新的典范。

创新，是我们行动实践的前提，是领导管理的核心，是竞争取胜的法宝。

特别是科技的竞争，以及信息技术的发展。在一次演讲中，我甚至提出："互联网+"几乎改变了人们除思维以外的一切，成了价值的倍增器！

古罗马、古希腊，世界历史上的四大文明古国，以及中国历史上的几大太平盛世，皆因创新而繁荣昌盛，也因不创新而落伍甚至衰亡！

当今世界，处于一个创新取胜的时代。

中国特色社会主义进入新时代，我们从站起来到富起来，再到强起来，要真正实现中华民族伟大复兴，唯有创新、创新、再创新！

{11 灵魂的有趣

> 做一个灵魂有趣味的人。

生活所感 · 读书所得

作家蔡澜于 2017 年 6 月出版了《我决定活得有趣》，这本书的名字就很吸引人。

贾平凹曾说："人可以无知，但不可以无趣。"

活得有趣，才能活得快乐，活得舒服，活得精彩，活得通透，才是活到了人生的最高境界。

活得有趣，与贫富、美丑无关，与学历、能力无关，与年龄、性别无关，只与幽默乐观的生活态度有关。它是一种心态，更是一种由内而外的修养。

作者"读行人生"说了这样的话：

"有趣的人，即使眼前满是阴霾笼罩，依然能拨开迷雾，找到诗和远方；无论遭遇多少挫折和痛苦，依然能胸怀'天生我材必有用，千金散尽还复来'的气度。"

"有趣的人，无论身处怎样的环境，外界的环境如何糟糕，也绝不只是一味地抱怨，而是能以乐观的心态面对生活。无论何时何地，他都会把平淡的生活过得有滋有味，再苦闷的日子，也能笑出声来。"

"有趣的人，善于用乐观的情绪包裹自己，卸下了伪装，以真实的面目经营生活。能看到别人的优雅，能发现生活的美好，能找到人生的乐趣。"

"有趣的人，能把一地鸡毛的琐碎化为云淡风轻的人生，能让枯燥的生活开出花来，即使身陷柴米油盐，也能将每一个平淡的日子过得熠熠生辉。"

"钱锺书和杨绛结婚后，有一段经济困顿的时期，'十指不沾阳春水'的杨绛包揽了所有家务，劈柴生火做饭，经常被煤烟熏成黑脸，杨绛却笑着说自己是'灶下婢'。"

"有趣的人，为人通透、超脱，至真至情至性，在人际交往中，总是自带吸引力。"

"有趣是一种自信的能量，有趣的人更容易得到别人的欣赏。"

"西晋的阮籍是一个有趣的人，他善于用'青白眼'，对同样有趣的人用'青眼'，眼睛正视；对无趣的人用'白眼'，翻着白眼看。"

"有趣的人，是随遇而安的人，是淡泊从容的人。"

"活得有趣，在人间烟火里感受生活的诗意，在一菜一饭中找到人生的乐趣，将每一个日子过得有滋有味，才能理直气壮地说：'我活过。'"

怎样让自己成为一个有趣的人？

方法千万个，道路万千条，我认为，最根本的是在自己的灵魂深处有趣。从灵魂深处会流淌到全身，渗透到血液、肌肉，甚至每个细胞。于是，就会在没有趣味时，自己找到快乐，自己设置趣味。在工作中，哪怕从事极其枯燥的工作也能找到乐趣；自己培养幽默感，自找有趣；最重要的是，还要让别人感觉有趣。比如，你的演讲有趣，听众听得津津有味，听得有趣；你的书写得有趣，让读者读得有趣；你的工作让领导、让部下、让消费者、让服务对象感到有趣，这是一种大家都喜欢的"有趣的人"，做了有趣的事，成就了有趣的灵魂！

《贪吃蛇》　曾奕樾（2019 年）

{12 灵魂痛苦美

> 一个深刻的灵魂，即使痛苦，也是美的。

生活所感·读书所得

这是德国哲学家黑格尔的名言。

黑格尔，对德国的国家哲学做了最系统、最丰富和最完整的阐述，他的哲学成就，最主要的是辩证法，有人说，黑格尔的哲学是马克思主义哲学的源头。马克思不仅真正继承了黑格尔的革命精神和辩证法的精髓，而且发现了他一生受用无穷的"批判的武器"。

有人这样评价："黑格尔的著作以哲学的高度几乎涉猎了人类知识的全部领域：历史、自然、法学、伦理……他的著作反映了他广博的知识与深邃的思考，至今读起他的著作依旧能感受到他无穷的魅力。"

黑格尔说："一个深刻的灵魂，即使痛苦，也是美的。"

但是，黑格尔并没有说深刻的灵魂是什么样的，它就是人们理解的"高尚的灵魂"吗？

为什么说深刻的灵魂会痛苦？为什么说痛苦也是美的呢？

哲学大师黑格尔没有进一步解释，我们只有理解和悟

道了！

以词解词：深刻，指透彻、深入；苛刻、严峻。

灵魂，《现代汉语词典》的解释：

1. 迷信的人认为附在人的躯体上作为主宰的一种非物质的东西，灵魂离开躯体后人即死亡。

2. 心灵；思想。

3. 人格；良心。

4. 比喻起主导和决定作用的因素。

我比较喜欢"深刻的灵魂"，就是"高尚的品格"，就是"人格、良心"这样的说法。

深刻的灵魂所表现出来的这些东西，往往是超前的，是"高处不胜寒"的，可能一时不能被人理解，甚至遭人反对，甚至可能遭受物质上、精神上的痛苦折磨。

但这样的灵魂当然是美的，它对他人、对社会是有益的！

比如哥白尼提出的日心说，这是哥白尼灵魂深处的思想结晶，它有力地打破了长期以来居于宗教统治地位的地心说，实现了天文学的根本变革。但是，许多人不理解，反对，将其视为异端邪说，哥白尼很痛苦！

而文艺复兴时期意大利的思想家、自然科学家、哲学家和文学家乔尔丹诺·布鲁诺，他勇敢地捍卫和发展了哥白尼的日心说，并把它传遍欧洲，被世人誉为反教会、反经院哲学的无畏战士，是为捍卫真理而献身的人。

由于批判经院哲学和神学，反对地心说，宣传日心说的宇宙观、宗教哲学，这些在他所处的时代中，都使其成了风口浪尖上的人物，并于1592年被捕入狱，最后被宗教裁判所判为"异端"烧死在罗马鲜花广场。

布鲁诺的灵魂是深刻的！

布鲁诺痛苦到了极点：他被烧死了！

布鲁诺的灵魂大美：1992年，罗马教皇宣布为布鲁诺平反。世人对布鲁诺敬仰！布鲁诺虽然逝世了，但他美丽的灵魂永存！

《梦想畅游》 曾星玥（2019 年）

{13 灵魂的触动

> **一个正常的人，灵魂总有被触动之时。**

生活所感·读书所得

什么是正常的人？网络作者"若水而冰心"有一段精彩的描述：

若以常人的角度来看，正常的人就是思想与众人相近，行动与众人无异，心理与众人无碍，说话与众人相通的人。

而以学者的角度来看，正常的人就是能够顺应社会、热爱生命、珍视生命、热爱生活的人。

以圣人的角度来看，能活在当下，不节己欲，外化于行，内有所持，便为正常的人。

以小人的角度来看，扰扰人世，唯利而行；人来人往，唯名可系之人，谓之正常的人。

"若水而冰心"认为，正常的人，应寄情于亲，望兴于家，托思于友，盼贤于子。外不拒己之欲，内不动己之所愿，如此而已。

我却认为，正常的人，不会对周围和社会的人、事、物无动于衷、麻木不仁、充耳不闻、视而不见，他应该是一个有感情的人，是一个有温度的人，总有一些人、事、物会触动他的灵魂，甚至会触动他的灵魂深处！

我自认为是一个正常的人，我曾经被一些人、事、物触动过灵魂！

我父亲是一位新四军老兵，他在 70 岁时，曾经对我讲过他的一次亲身经历：

当年，他在当新四军连长时，曾经带领一个连的战士在浙江某地与日军交战，他们的武器装备与敌人的差距太大了，一个连的战士基本上都牺牲了，我父亲也被日军的一颗炮弹炸得昏死过去。

部队的其他同志用白布将我父亲的"尸体"裹上，准备下葬。

通信员抱着我父亲的"尸体"痛哭，不肯放手，大喊"连长、连长"，嗓子都哭哑了。

正准备下葬时，通信员一摸我父亲的胸口，还有点温温的，马上大叫："我们的曾连长没有死！"经抢救，医生把我父亲从死亡线上拉回来了！

我父亲醒来后，发现全连的战士基本上都牺牲了，痛哭不已，又昏死过去。

后来，我父亲就成了二等革命伤残军人！

在老父亲 70 岁时，他一边讲以上这个故事，一边喊着连里那些牺牲的战士的名字，这些名字到那时他都还一一记得。

他一边喊，一边流泪，后来，老父亲竟然号啕大哭起来，一直哭个不停！

父亲说："要是我当时指挥得好一些，也许就会少牺牲一些战士！"

那一次，我被父亲的讲述和他动情的大哭感动了，他的痛哭深深地触动了我的灵魂！

我们今天的幸福生活，真的是无数革命先烈用流血牺牲换来的呀！

所以，在我的灵魂深处，我是一个很正统的人！

我在做党课演讲，做"中国特色社会主义新时代""不忘初心、牢记使命"等专题演讲时，都是带着温度、充满感情地去讲！

因为，在我的身上有红色的基因，在我的灵魂深处有父亲讲述的红色革命故事的深深烙印！老父亲动情地哭着讲述的那一幕，永远镌刻在我的灵魂深处！

非常可惜的是，我父亲健在时，我没有多多挖掘他的那些革命故事。否则，我的演讲就能打动更多的人，触动更多人的灵魂！

14 让自己更好

> **读书，正是为了遇见更好的自己。**

生活所感·读书所得

人们总是向往美好，总是希望明天的我好于今天的我。

没有最好，只有更好！自己也希望自己一天比一天更好。

每天天一亮，你都会遇到不少人，认识的、不认识的，当然，每天首先遇到的是自己！对着镜子照一照，看到了自己；三省吾身，看到了自己的灵魂；用一些特殊的方式，还会扒拉出自己的灵魂。

怎样才能让自己遇到更好的自己，也让别人遇到更好的你？

有"中国最后一位女先生"之雅称的清华才女杨绛献出了妙方良策——读书！

且不说宋真宗赵恒在《劝学诗》中说的读书可以获得的外在利益："……，书中自有千钟粟。……，书中自有黄金屋。……，书中车马多如簇。……，书中自有颜如玉。"常常读书，男儿就能"遂平生志"；曾国藩说"读书，让容颜和灵魂变得优雅"；肖卫、杨辉看重读书，甚至写了一部著作《读书改变命运》。

　　我在演讲中多次谈到，一个人读书多少，别人是看不见的，但是，它会埋藏在一个人的气质里，甚至会进入一个人的灵魂。

　　如同一个人锻炼了身体，体质是不一样的；读书、多读书、读好书，浑身上下、言谈举止、行为为人，可能透出一股看不见但能感觉到的书卷气。

　　一种别样气质，深入骨髓里，可能融入血液中，渗透到灵魂里。

　　林语堂说得好：读书使人得到一种风雅和风味，这就是读书的最终目的，而只有抱着这种目的的读书才可以叫作艺术。

　　读书是一种享受生活的艺术，是一种充实人生、感悟人生的艺术，是一种医治顽疾的艺术，是一种美容心灵的艺术，是一种自我提升的艺术。

　　好书是伟大心灵的宝贵血脉，好书是改造灵魂的最佳工具，是灵魂的导游。

　　看到这里，相信你更有理由认同杨绛先生的话，你自己也会相信你已经遇到了更好的自己。

{15　家风与家教

> **读书是最好的家风。**

生活所感·读书所得

与西方文化显著不同的是，中华优秀传统文化特别注重家风建设和家庭教育，注重家国情怀。

家是最小国，国是千万家。

家庭是社会的基本细胞，家庭是人生的第一所学校，父母是孩子的终身老师。不论时代发生多大变化，不论生活格局发生多大变化，我们都要重视家庭建设，注重家庭、注重家教、注重家风。

千千万万个家庭是国家发展、民族进步、社会和谐的重要基点。

家风建设和家庭教育的方式有很多，每个家庭各有各的做法，但是，"读书是最好的家风"，这是曾国藩的名言，是曾国藩在他的曾氏家族一直倡导和践行的信条，也是曾国藩教育子孙成人成才的第一秘诀。

他自己就有这样的亲身体会。

曾国藩是中兴晚清的四大名臣之一，是战略家、军事家、

文学家、理学家，他之所以取得这么大的成就，"全凭读书"！

曾国藩以读书为途径，中举人、中进士、当官，但是，他更认同，读书是为了"立德"。他认为"学做圣人"的三个途径是立德、立功、立言。

他的名言是"读书即立德"。

通过读书，学习圣人那些做人的道理，才有好的家风，子孙才有成才、成人的可能性。

曾国藩常年在外为官、带兵打仗，没法当面教育孩子，他只有让儿孙们多读书，读好书。他甚至把自己30年在翰苑和从武生涯中写的近1 500封家书整理成册，让子孙读，该书涉及曾国藩的主要活动和他的为政、求学、治家之道，在平淡的家常中孕育真知良言，具有极强的说服力、感召力和家庭教育意义。曾国藩给子孙留下的著作并不多，这一部《曾国藩家书》，是他留给子孙的宝贵财富。他的子孙后代都会读，并且受益无穷，从而人才辈出。

今天，作为家长，无论将孩子送到哪个培训班去学习，都不能代替父母的家庭教育；最好的家风是立德，是在自己的家庭里形成浓厚的读书氛围，让孩子好读书、读好书，认识到"读书好"！

{16 读书为什么

> **读书不仅仅是为了取得功名，**
> **更是为了做人，为了明理。**

生活所感·读书所得

曾国藩多次告诫儿孙，能够不做官的就别去做官，做官不做官，都要多读书。他给后人留下了这样的话："慎独则心里平静；主敬则身体强健；追求仁爱则人高兴；参加劳动连鬼神都敬重。"

曾国藩一生有两位夫人，抚养成人的孩子有二儿五女。曾纪泽是曾国藩的大儿子，也是唯一从政的孩子，后来承袭爵位入京为官，政声颇好；二儿子曾纪鸿是一位著名的数学家，是清代著名的外交家。

200多年来，据说曾国藩的后代已经有十代人了，由于曾国藩不希望他的后代从政，只希望他们多读书，遵守祖训，好好做人，从读书中懂得做人的道理，所以，曾国藩的后人在官场的比较少。

曾国藩在多年的为官从政中，特别是带兵打仗中，他悟出了一个道理：

决定家族成败的，不是子子孙孙是否当官，也不是子子孙孙是否有钱，而是如何塑造子孙们的道德品质，如何教他们做人，怎么立德。

曾国藩有段著名的评论，说家族兴旺的规律是：天下官宦之家，一代就萧条了，因为大多是纨绔子弟；商贾之家，也就是民营企业家的家庭，一般可传三代；耕读之家，也就是以农耕和读书为根本的家庭，一般可兴五六代；而孝友之家，就是讲究孝悌、以和治家的家庭，再配之以读书和劳动，往往可以绵延八代十代。

所以，曾国藩把曾氏家风、家教重点放在"读书"上，而且要求子子孙孙都要传承"好读书"、做人、明理这样的家风家教。

据说，曾国藩的这十代后人中，虽然没有出什么显赫的有权有势的达官贵人，也没有出什么大富大贵的"富豪土豪"，但可以肯定的是，也没有出什么"败家子"，也就是说"曾门，没有逆子"，反倒是出了200多个有名望的社会贤达，这里面有科学家、音乐家、艺术家，以及海外留学归来的硕士、博士。

{17 行善与功名

不因果报方行善，岂为功名始读书。

生活所感·读书所得

佛家注重因果。善有善报，恶有恶报；不是不报，时候未到，时候一到，一切全报。

但也有人说，圣人注重因，凡人注重果。

也有人说，人为善，福虽未至，祸已远离；人为恶，祸虽未至，福已远离。

其实，很多品格高尚的行善之人，做慈善是不论结果如何的，是不管报不报的。

我有一位大学同班同学，我们尊敬地称他为"老大哥"，他自己做企业，很不容易。但是，光在正式场合就捐赠了七八千万元，为人很低调，不愿别人说起，也不愿意见诸文字报导。用他的话来说，捐就捐了，别放在心上，也不要管它什么回报不回报，图个自己心安理得。

其实，冥冥之中，这样的人是会有好报的，因为，很多人都相信："好人有好报""人在做，天在看"！

在中国，读书为了什么？大都是为了取得功名，所谓"十

年寒窗苦读书，一举成名天下闻"。要鲤鱼跳龙门，要改变自己的境况、境遇和命运，绝大多数人还是靠读书。"读书做官"的道理几千年来真是深入人心。

但是，曾国藩告诫他的子孙：读书的最终目的不是取得功名，而是做人、明理。

今天，曾国藩的话越来越有现实意义。

虽然当公务员、提拔干部都要看一定的文凭，都要进行一定的文化考核，但是，做人是第一位的，明理仍然是非常重要的。

人都不会做，做人做事的道理都不懂得，怎么能为官呢？就算当了官，也当不好！

而且，社会发展到今天，当官并不是读书唯一的出路。社会多元化、职业多样化、就业广泛化，把书读好了，就业的选择面就更广。

更重要的是，读书，可持续读书，对干好自己的工作、做出更大的业绩是非常有好处的。

当然，读书多了，自己的品位就大不相同了，层次就大不相同了，就是对教育自己的孩子也是有好处的，曾国藩、曾氏后代，不就是给我们做出了很好的榜样吗？

{18 积德与读书

世上几百年旧家，无非积德；
天下第一件好事，还是读书。

生活所感·读书所得

这是清朝状元姚文田的一副名联。

姚文田，浙江湖州人，1799 年中状元，官至礼部尚书，治学严谨，为官公正，一身正气，翰苑名贤，文坛巨匠。

少时家贫，父亲常客游他乡。母亲沈氏亲自教导文田，亲授经籍。

姚文田小时候就很喜欢读书，且用功认真，进步很快。但他家里穷困，有时竟揭不开锅。

有人劝他的母亲沈氏卖掉旧屋地度日，沈氏说："等我儿子做官时，留此地盖一品坊哪！"

姚文田博学多识，著述甚多，据考，其学问几乎无所不通，以程朱理学为宗。诗词很强，书法很好，对联更佳。

他在自己的书房里手书了这副自题联："世上几百年旧家，无非积德；天下第一件好事，还是读书。"在姚文田的所有对联中，这副对联流传最广，也最有意义。我是通过这副对联才

知道姚文田这个人的。

我很喜欢姚文田的这副对联，也赞同他的观点，并在很多次演讲中引用。

世界上很多家庭能够一代又一代传承、兴旺发达，靠的是积德。

不是常常听人说，谁家家门兴旺、子孙大有出息，这是他祖上积德。

中国的传统文化中就有"积德之人，儿孙必有后福"的说法。"积善之家必有余庆"，就是这个道理。

天下的好事有很多，但姚文田把第一好事定格在读书上，于是，人们会想到宋真宗赵恒《劝学诗》的名言："……，书中自有千钟粟。……，书中自有黄金屋。……，书中车马多如簇。……，书中自有颜如玉。"

其实，读书的好处岂止这些！不仅还有更多的好事，更是第一好的事，因为其他好事，都可能是读书带来的、引起的。

{19 读书要有心

> **有心者一切皆是书，有心者一切书皆可读。**

生活所感·读书所得

很多人喜欢读书，也尝到了读书的甜头。

但是，书的种类越来越多，在知识大爆炸的信息化时代，有人调侃："现在，写书的人比买书的人多。"

一到新华书店，琳琅满目，都不知道买哪本，挑花了眼！

而且，书的形式也很多，除了长期以来的、很早以前就习惯了的纸质书以外，现在电子读物发展得也很快，还有所谓的解放眼睛，"听书"的人多了起来。

但还是有不少人坚持读纸质书，就觉得读纸质书才叫真正的读书，一嗅到油墨味，真是香气宜人呢。

其实，只要安心读书，一切都是书：纸质的、电子的、听书的，有字的、无字的，有用的、无用的。

广义的书，已经超出了原来的定义。

社会不就是一本书吗？人不就是一本书吗？不是说要"阅人无数"吗？

我们特别提倡读一些无字之书，往往无字胜有字。

比如，你的领导就是一本书，他（她）之所以是你的领导，可能是有一些过人之处的，不应该把他（她）当成一本书来读吗？

我们还特别提倡读一些"无用"之书，往往无用胜有用。

毛主席就特别提倡读所谓无用的"闲书"，他博览群书，学识渊博，比博士还博士，比教授还教授。

所以有人说，许多博士并不是"博学之士"，而是"专学之士"，在他那个领域钻研得很深，这当然是必要的，但博士还应该有广博的知识，这样，可能也有利于专，有利于知识的融会贯通，触类旁通。

而且，在初学知识时，往往是"人生识字糊涂始"，你并不知道自己一辈子会干些什么，也不知道一生会换多少次工作，当时看起来没用，说不定今后会派上大用场。也就是所谓的"书到用时方恨少，事非经过不知难"。

当然，坏书是不能读的！

"三好"读书：读书好、好读书、读好书！

这真是：

但患人生不读书，不患读书无所用。

与有肝胆人共事，从无字句处读书。

{20 读书的理由

> ## 一个人喜欢读书，还需要什么理由？

生活所感·读书所得

一次开会，淘到一个故事，觉得很有意思：

一位老先生，都90岁的高龄了，还酷爱读书，觉得读书很快乐。

很多人看他这样喜欢读书想不通：这么大的年纪，黄土都快埋到头顶，行将就木了，难道读了书还有什么上升空间吗？

一个年轻人斗胆问他："老先生，您这么大的年纪了，为什么还这么喜欢读书呢？能告诉我是什么原因吗？"

老先生听了后，没有正面回答年轻人，看了看这位年轻人，反问了一句："年轻人，一个人喜欢读书，还需要什么理由吗？"

在我的演讲中，很多次讲了这个故事。

一谈到读书学习，父母、老师都会罗列出它的很多好处，而且会苦口婆心地反复对孩子、对学生讲宋真宗赵恒的《劝学诗》中的那些话，什么"千钟粟、黄金屋、颜如玉、车马多如簇"，肯定也是要讲的，还有很多大道理、中道理、小道理，特别是对你工作、生活的好处，对你成家立业的好处，对你过上好日

子的好处，对你教育自己孩子的好处，几乎可以穷尽所有好处，最后，可能还要加上一句："这都是为你好！"

读书的这些"……好处""为了……"，都是正确的，也是必须对孩子、对学生、对员工、对全社会讲的。

但是，我觉得，故事里的这位 90 岁高龄的老先生说的"难道还需要什么理由吗"太经典了，太值得人深入琢磨、深入思考了！

任何理由，都不能成为不读书的理由！

任何理由都是必须读书的理由，也都不是不读书的理由！

读书，人的本性！

是人，就应该读书！

多么深刻！

多么简单！

这真是：腹有诗书气自华，读书万卷始通神。

{21 人生与读书

> 年轻的时候，
> 以为不读书不足以了解人生，直到后来才发现，
> 如果不了解人生，是读不懂书的。

生活所感 · 读书所得

这是"中国最后一位女先生"杨绛的名言。

人生识字忧患始，人生识字糊涂始。

小时候读书，除了功利性的考学目的以外，就是想扩大自己的知识面，通过读书，了解别人的人生，也了解自己的人生，至少我是这样在读书的。

随着从小学到中学、大学，再到后来参加工作，读的书的确多了，对人生的了解感悟的确深刻、透彻多了，也庆幸自己多读了一些书，自认为看问题、看社会、看别人、看自己、看人生，比常人要高深一些、全面一些、辩证一些。

自从看了杨绛先生的一些作品，特别是数百遍地读她这句话，才感觉到，自己原来读的书，只能是一知半解，抑或是不求甚解，书上的好多东西压根儿就没有读懂，没有理解。

因为自己过去年幼、年少、年轻，没有什么社会阅历，没

有什么人生经历，而且是平淡的人生，"不经历风雨，怎么能见彩虹？"没有经历暴风骤雨，哪知花红柳绿？

真正了解人生的人，真正阅历丰富的人，真正经历人生酸甜苦辣的人，才能读懂书的内涵，才可能与书中的道理产生共鸣，才可能触及灵魂的深处。

书中的文字，大都认识；书中的句式一般人都知道；书面上的道理大都理解，但是，一本书，它的深刻道理，能摆渡灵魂的道理，只有了解了人生，才能懂得！

这真是：书到精绝潜心读，文穷情理放声吟。

《休憩》 曾星玥（2019 年）

{22 读书的意义

> **读书的意义大概就是，**
> **用生活所感去读书，用读书所得去生活。**

生活所感·读书所得

当在演讲中引用这两句话时，我都要再讲这样的话：

这段话简直太美了，大美、超美、完美。

这样美妙的语言是从哪里来的？

不是天上掉下来的，天上可以掉下个林妹妹，黄河之水天上来，但是，掉不下这美好的词句。

也不是地上冒出来的，更不是这个社会原有的，它来源于清华才女杨绛先生！

我高度赞成杨绛先生这两句话的精神！

读书的意义，每个人都会说很多很多，老师说的，家长说的，领导说的，宋真宗说的，古代的、现代的，能说的几乎都说到了。

但我认为杨绛先生说的这两句话虽然很朴实，但是，很到位，也很受用。

每个人对生活的感受、感悟都有很多，带着对生活的感受、感悟去读书，带着生活的问题去读书，会感到所读的书内容更

清晰，更接地气，更适合自己。

而且把生活中的感受、感悟元素带到书中，是一种生活化的读书，就把书读懂了、读活了、读精了、读到家了。

而且常常会有"原来如此"幡然醒悟的感觉，一下子就豁然开朗了！

当你读的书多了，读的书广泛了，你的知识在广度、深度、高度上上台阶了，你读懂书了，理解书中的奥妙了，通过读书，你明理了，悟道了，你就有所得有所获了。

这时，再把读书得到的东西用到自己的生活中去，你会发现，你的生活与众不同了。

因为它更有品位、更有品质、更有品相了，内涵更丰富、外延更广阔了，这样的生活，才真正算得上是"生着""活着""生活着"！

这真是如张潮[1]所说：少年读书，如隙中窥月；中年读书，如庭中望月；老年读书，如台上玩月。皆以阅历之深浅，为所得之深浅耳。

48

---

1 张潮（1650—1709）清代文学家、小说家、批评家、刻书家，官至翰林院孔目，《虞初新志》一书的编撰者。

{23 无聊与享受

> **喜爱读书，就等于把生活中
> 寂寞无聊的时光换成巨大享受的时刻。**

生活所感·读书所得

很喜欢孟德斯鸠的这句名言[1]，见过许多人引用这句话。

孟德斯鸠是法国启蒙运动时期的思想家、律师，西方国家学说以及法学理论的奠基人。与伏尔泰、卢梭合称"法兰西启蒙运动三剑客"。

孟德斯鸠是一位百科全书式的学者，在学术上取得了巨大的成就，获得了多国院士的称号。

孟德斯鸠取得这么大的成就，他这么博学，与他酷爱读书是分不开的。

每个人，都有寂寞无聊的时候，而有的人是常常如此，于是，不少人感到时光难熬，日子难混，无所事事，不知道怎样打发时间。其实，他们不知道，这是在低廉地消费自己的生命，甚至是在浪费自己的生命。

所以，有人百思不得其解：这些为寂寞无聊而感到痛苦的人，怎么不用这大好的、闲暇的时间去读书呢？

---

1 亦说是莫泊桑所说。作者倾向于此句为孟德斯鸠所说。

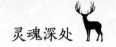

也有不少人，他们追求物质上的享受、用物质来刺激自己的感觉，甚至是低级趣味的，他们不知道也不想知道读书是多么享受的一件事，"哪里知道咱这仙家宝贝"！

读书本身就是一种享受，读到好书，读到精妙的语句、知识，懂得了深刻的道理，那真正是一件无比享受的事。

感叹万分，世人啦，好多人享受不到这份美好！

孟德斯鸠提醒人们，告诫人们，完全不需要付出什么代价，就可以把寂寞无聊的时光换成读书的时间，从而得到人生的一大享受！

这真是：要么旅行，要么读书，身体和灵魂必须有一个在路上。

{24 读书与自己

> **在书中读自己，**
> **在书中发现自己，**
> **在书中完善自己。**

生活所感·读书所得

有人说，除了镜子以外，自己很难看到自己。

但是，有人说，会读书的人，会在书中看到自己，会在书中发现自己。书、好书，其实就是一面镜子，往往能看到自己的样子。

一个人，认识别人容易，能看到别人的高矮、胖瘦、优点、缺点，但认识自己很难，了解自己很难。

即便了解了，勇于坦诚自己的优缺点更难，"不识庐山真面目，只缘身在此山中"。

但是，人们发现，在一些书中，会有自己的样子，会有自己的灵魂。

一是书写得好，书中写了许多人物，也刻画了许多人物的生活习惯、性格特质、心理特征，灵魂深处、行为方式、德行品行，既有普适性，也有个别性，分析透彻，入木三分。而书中往往也会有一些名言警句，有一些哲理性很强的语言，有一

些精妙的、引人入胜、让人掩卷深思的故事，很多人读书，就可以对号入座，找到自己。哦，原来，这本书、这段话、这个故事说的就是我呀！我有这么好吗？我有这么差劲吗？

二是读书用心。许多书，如果读者不屑一顾，无所用心，走马观花，一晃而过，哪里知道书中的道理，哪里能发现书中的精髓，哪里能领悟书中深刻的道理，怎能发现书中的自己，又怎能读到自己的样子，怎能读到属于自己的那一片天、一方土。

三是读到了自己，发现了自己，会坦诚地面对自己吗？会三省自己吗？会审视自己吗？能把自己摆到书中去，以书为参照比对一下，差距在哪里，哪些方面做到了，哪些方面没有做到吗？自己再从书中跳出来，因为绝大多数书，里面都是写得很好的、一些正能量满满的书，都是一些"应该类"的东西，与现实中的你、我、他或许有较大的差距，那好，就把它当作方向，当作目标，向着标杆直跑，下次再读书的时候，就发现书中的我已经是一个"真我""超我"了，自我完善了。

那真是：文亦醉人何须酒，书自香我无须花。

{25 读书的愉快

> **读书最愉快的时候，**
> **莫过于你突然发现"我也有这个意思"。**

生活所感·读书所得

读书是一件很愉快的事情。

特别是把自己放到书里面去的时候，特别是悟到了书的精髓，并触动了自己的灵魂的时候。

我在全国做过许多场演讲。

有的听众一边听一边微微地点头，面带微笑，做赞许、赞成状。

有的听众还随着我的表情、手势和身势变化"顺势而为"地做一些动作。

更有一些人，听到高兴处，会放声甚至是放肆地、旁若无人地、前俯后仰地大笑，结果别人都没有这样，他自己也觉得自己的行为好笑、不好意思。

有人说，男儿有泪不轻弹，只因未到伤心处。

也有人说，凡人大笑不经常，只因未到愉快时。

《西游记》中，孙悟空与众徒弟听菩提老祖说法，听到高兴处，竟在下面抓耳挠腮，惹得老祖一阵好恼。

其实，许多人读书也有这样的感觉。

我自己读书看文章时，当看到了一段好的文字，读到一段好的情节时，产生了共鸣与联想，也会掩卷沉思一番，作幸福愉快状，好好地享受一下书中的营养。

当然也会把书中的精妙文字记下来，收集起来，于日后反复把玩。

有时也会多读几遍，把美语好文背诵下来，甚至在我的演讲中、作品中引用，分享给更多人。

读书读到一定境界时，把自己放到书里面去了时，身心和灵魂都融入书里去了。

读到"入戏太深"的时候，竟然忘记了自己是在"书外"，书中的道理、情节与自己产生了高度一致的共鸣。

有时会拍案叫绝，放肆大叫，弹跳起座，甚至会大呼小叫："原来，我也是这个意思呀！"

接下来，会静静地坐着，做陶醉状，这时的读者，已经走进读书的化境！

这真是：养心莫若寡欲，至乐无如读书。

{26 读书与串门

> **读书好比隐身串门。**

生活所感·读书所得

许多中国人都有串门的习惯，特别是以前的住房形式，一条走廊连着数户人家，还有一些筒子楼，便于串门。

串串门，聊聊天，侃一侃，到了高兴时，还会摆开阵势喝两盅。

现在，单元式的住宅，串门的人还是有，但已经少得多了。一个单元，天天早不见晚相见，点头招呼，但是，姓甚名谁可能都叫不出来，邻里间的热乎劲儿少多了。

不少人生来不爱串门，有的人从小就养成了这个习惯，"独行侠"，爱"放单线"。也有像我这样的人，由于工作的性质——在大学教书，个体劳动者，时间上相对自由，空间上相对独立，平时也没有多少时间去串门。

有的人认为，到一些层次不高的人家去串门，觉得没有多少话可说，没有什么共同语言。甚至社会上的一些什么"会"，有聚在一起打麻将的，有的人也觉得合不了这样的群；有聚在一起推杯换盏、胡吃海喝的，不少人也入不了这样的群。

有的人很想到一些高层次的人那里串串门，与这些高层次的人一起聊聊天，获取他们的知识营养，但是，串这种高层次的人的门很难：名人大都不喜欢别人去打扰他（她），门都没有，串什么串？有门也串不了！

有人想到了，读书！通过读书的方式去串那些名人、高层次的人的门！

通过读名人的书、文章、微信群中的美文，不就等于在串名人的门了吗？

这不，一打开书，一翻开文，一点开群，就串到别人的门里面去了。三观相同或相近的人的门，我就多读一些他们写的文字，多串点门；文不投机，我就合上书来，关了手机，封了文章。就算我"破门而入"去串名人的门，也不会打扰这些文人、名人和大师；串了一阵子门，就算马上逃遁，也不觉得不礼貌。

这可是一种"隐性串门"呢！

读点书，看点文，进点群，隐性串串门，不亦乐乎！

那真是：明灯常做伴，益书常为朋。

{27 比喻学知识

学知识犹如燕子筑巢——点滴积累。
学知识犹如母猪进餐——兼收并蓄。
学知识犹如牛儿吃草——反刍回味。
学知识犹如郎中看病——记录在案。
学知识犹如女士穿衣——该露则露。

生活所感 · 读书所得

一次饭桌上，我的一位任领导职务的学生随便说了几句话，我觉得很有意思，但是，没有记住，又不好意思用笔和本记他讲的话，因为他毕竟是我的学生。在公共场合，老师用笔记自己学生随性讲的话，会觉得很没有面子，事后，觉得还是自己的不对：学生本应该超过老师的，而且，夫子早就说过"三人行，必有我师焉"。

吃完饭，我把这位学生叫到旁边，请他把刚才我觉得好听的话再说一遍。于是，我就记住了，并在演讲和写作中引用了这段话。

你看那燕子筑巢，总是把一点点泥巴衔过来，然后筑成巢，学知识也是如此，也要一点一滴地积累。读书不积累，一晃而

过，等于不读书，知识没有学到，或者说，读了的书，也记不住多少。

你看那老母猪，肚子很大，它进餐时，无论什么东西，先捞它一肚子再说。其实，读书学习也是如此，一开始学习，你并不知道自己一辈子会干什么，也不知道自己一辈子换多少次工作，你哪里知道哪些知识有用、哪些知识没有用，先广泛地学习，多读些书，尽量博学一些，把知识储备起来。要知道，书到用时方恨少，事非经过不知难呢。

你看那牛儿吃草，一开始吃得很多、很快，吃完后，要坐在那里慢慢地反刍咀嚼。其实，学知识也是如此。读书看文章、听报告，先广泛地读、看、听，然后回来慢慢品味，慢慢思考，慢慢消化，慢慢吸收，才能收获多多。

你看那郎中看病，他要望、闻、问、切，四诊合参，还要用笔把患者的症状记下来。其实，读书、听报告也是如此，要习惯于动笔，把好的东西、感兴趣的东西记下来，"记录在案"，积累知识，以备己用。

你看那女士穿衣，不能像有的国家、地区的女士那样，把整个身体完全裹起来，只留下一双眼睛，让人看也看不到她的美丽。其实，她完全可以把自己的美脖、美臂、美腿亮一亮，展示一下女性特有的美丽，当然是"该露则露"。其实，这与读书学知识是一样的，读了很多书，学了很多知识，在可能的情况下，尽可能用出来，为社会做出一些贡献，不是更好吗？

那真是：晓月闲移三尺剑，孤灯苦读五更书。

{ 28 回头再读书

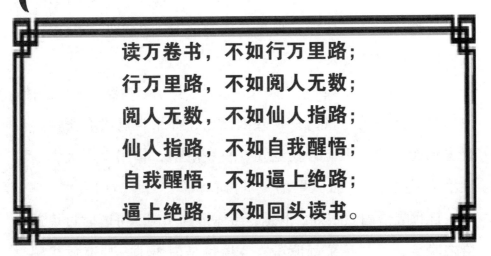

読万卷书，不如行万里路；

行万里路，不如阅人无数；

阅人无数，不如仙人指路；

仙人指路，不如自我醒悟；

自我醒悟，不如逼上绝路；

逼上绝路，不如回头读书。

生活所感·读书所得

这是我在演讲中多次引用过的一段社会流行语。

"读万卷书，不如行万里路"，这几乎是人人皆知的一句话，这里的"行万里路"，主要是比喻读书后还要实践。也就是说行路、实践也是一种读书。其实，我更主张既要读万卷书，也要行万里路，二者都重要。读书是学习，使用也是学习。

"行万里路，不如阅人无数"，它告诉我们，其实，人就是一本书，而且是一本知识量巨大的"无字天书"，读懂纸质书易，读懂人这本书太难。有一位很有层次的儒商同学曾经说过这样一段话："旅游时看风景，其实很多风景也就那么回事，大同小异，看一看也就行了。要说，旅游更是'看人、游人'！"你说这话多有意思，真值得人细细玩味。

人的一生，不可能见到真正的"仙人"，但这里的"仙人"，更多的是指有学问的大师。要是能得到"仙人"、大师的指导、指引、指路、指点迷津，那可是受益终身，少走好多弯路哟，这可比一般的"阅人""阅一般的人"强多了。

但是，再好的大师、"仙人"指导、指引、指路、指点迷津，他们只是外在的力量，只是外因而已，如果自己没有悟性，没有主观能动性，不能自我觉知、自我醒悟，作用也不太大，可能浪费了大师、"仙人"的一番苦心。

自我醒悟固然很好，但是，当你悟到了时，可能时过境迁，悟之晚矣，"黄花菜都凉了"，悟也是白悟了。要有危机感，要有本领危机、能力恐慌，如临深渊，如履薄冰，这样才能在被逼上绝路后，迸发惊人的力量。不因功名而贪欲，不因感极而求妄，富贵常蹈危机，盛时须作衰时想，以止为行动之本，从反面考虑问题，不越雷池，无张狂样。

人呀，为什么非要见了棺材才掉眼泪呢？为什么一定要到了绝境才幡然醒悟，为什么一定要到绝地才去求生呢？平时不烧香，急时叫老张，哪里叫得应？平时好好地多读书，多学习知识，才能避免濒临险境。

那就回头读书吧！

这真是：日日走，能行万里路；时时学，能读万卷书。

{29 读书与容颜

> **读书多了，容颜自然会改变。**

生活所感·读书所得

三毛在《送你一匹马》中说过这样的话，杨绛也说过这样的话。

人生在世，大都感到压力大，生易活难，家家都有一本难念的经，人人都有一些陈谷子烂芝麻的事。常常被一些人和事搞得焦头烂额，愁眉苦脸。人家常说："看看，他（她）整个儿一张苦瓜脸。"这不，容颜不好看。

过了一些时日，发现某男某女，容颜变了，从以前的愁眉不展到现在的笑容可掬；从过去的满脸晦气到现在的容光焕发，整个像变了个人似的，惹得别人惊叹不已、羡慕不已。

"什么情况？"原来，这个人读书了，多读书了，故而容颜悄然变化了。

读书改变容颜，从外观上看，是说这个人的音容笑貌，变得有活力，更青春。

读书改变容颜，其实更多的是从内在的气质、心灵和灵魂深处的改变，然后再由里到表。

苏东坡早就说了："腹有诗书气自华。"这里的"气"，

61

不就是气质、底气、气魄、气场吗？不就是内在的素养、修养、涵养、学养吗？不就是希望、信心、坚毅、儒雅吗？不就是书生气、书卷气、书香气吗？

是不是读书之人，在茫茫人海中，有时能一眼看得出、瞅得见、认得到，素昧蒙面，似曾相识，因为他（她）那非凡的气质、那斯文的做派，自有一股清静文雅之态，别有一番学识自然之美，这种美，不是天生的，"是用圣人的书熏陶出来的""是用温柔的文字浸润着灵魂滋养出来的""是用美妙的诗句淬火打磨、百炼成钢的，是学问精粹、陶冶而成的"。

多少人说过：钱财再多，都是身外之物，赤条条来，赤条条去，生不带来，死不带去，但是，读书再少，都在心里，融入灵魂。

读书改变人的容颜，虽然是缓慢自然的、不知不觉的、潜移默化的，但长期坚持读书的人，他的容颜、气质、内涵、言谈举止、行为方式、"三观"与"五官"，变化是非常明显的！

如同吃饭，吃了一辈子的饭，都吃到哪里去了？怎么在身上没有看到一点饭菜的影子呢？如同锻炼，坚持了那么长的时间，怎么看不到多少锻炼了的痕迹呢？

其实，我们的整个身体，我们的骨骼，我们的血肉，不都是这些饭菜构成的吗？不都是由这些锻炼支撑的吗？

正如三毛所说："读书多了，容颜自然会改变，许多时候，自己可能以为许多看过的书籍都成为过眼烟云，不复记忆，其实它们仍是潜在的。在气质里、在谈吐上、在胸襟的无涯，当然也可能显露在生活和文字中。"

{30 读书与美丽

> **你不知道读书的女人有多美。**

生活所感 · 读书所得

这是莫泊桑的名言。

莫泊桑，19世纪后半叶法国批判现实主义作家，与俄国契诃夫和美国欧·亨利并称为"世界三大短篇小说巨匠"。代表作品有《项链》《漂亮朋友》《羊脂球》和《我的叔叔于勒》等。年少时，我多次读过《项链》这篇短文。

有些女人，样子也算好看，但是，一说话，可能就露馅了：要么言语低俗，胸无点墨，要么"出口成脏"，脏话连篇，举止不端，没有文化！这样的女人，其美感犹如吃花生米，一开始觉得很香，但吃到最后，吃到一颗烂的，她的外在美感被内在的心灵丑陋冲抵了！

莫泊桑认为，一个爱读书的女人的美丽，是难以用语言形容的，她的举手投足，她的站坐行走，不是风情万种，而是清闲高雅，如林黛玉，"虽係钟鼎之家，却亦是书香之族"。爱读书的女人，是美到灵魂中去的！

偶见有人写作的一段好文字，觉得很受用：

"爱读书的女人是最美丽的，尤其是手捧书籍坐在那里安静看书的女人，绝对是一道美丽的风景线。一个女人的真正魅力，主要在于特有的气质。这种气质对同性和异性都有吸引力，这是一种内在的人格魅力。"

民国文人中，婚姻圆满的屈指可数。钱锺书和杨绛，算是难得的夫妻楷模。

有一天，杨绛读书，读到英国传记作家描述理想婚姻的状态："我见到她之前，从未想到要结婚，我娶了她几十年，从未后悔娶她，也未想过要娶别的女人。"她把这段念给钱锺书听，丈夫当即表态："我和他一样。"杨绛也即刻回应："我也一样。"

钱锺书和杨绛夫妇，当是不折不扣的读书人、爱书人。

杨绛一生最本初、最纯粹的信仰就是读书。

杨绛先生自小受父亲杨荫杭启蒙而读书以来，读书和对读书的思考贯穿于她的全部生活。

在杨绛百岁寿辰时，有人准备为她庆贺。她每次都说："我依然想在生日那天安安静静地度过，该看书看书，该写字写字。"

我在想，钱锺书之所以这么爱杨绛，除了杨绛外表的纯真、清秀、静美以外，还应该喜欢杨绛爱读书，以及读了书后的为人和明理！

中央电视台著名主持人董卿，天生丽质，身材好，颜值高，特别是化了妆后更漂亮！董卿是一位爱读书学习的人，是一个文化素养很高的人。她说："我始终相信我读过的所有书都不会白读，它总会在未来日子的某一个场合帮我表现得更出色！"

其实，董卿不需要化妆，她的素颜也很美，因为她喜欢读书呀！读书，是灵魂的呼吸，是美丽的自然释放！

读书，能改变人的容颜，使不美者变美，使美者更美！

《超人爸爸》 曾星玥（2019 年）

{31 无栖皆流浪

心若没有栖息的地方，
到哪里都是流浪。

这是三毛的话语。

其实，三毛还有类似的语言："黄昏是一天最美丽的时刻，愿每一颗流浪的心，在一盏灯光下，得到永远的归宿。"

三毛，台湾著名女作家、旅行家。1984 年辞去教职，而以写作、演讲为重心。

三毛的作品情感真实，没有太多的粉饰，而是展现生活的原貌和生活中的智慧与趣味。三毛经历了灰暗的少女时期和多事的青年、中年时期，使得悲情成了她作品的基调。这种对疼痛的敏感一直在三毛的性格中保留了下来，并对她日后的写作产生了巨大的影响。她用善良、忧伤、怜悯的目光关注自我，关注周遭的世界，因此，她作品的字里行间总是溢满了悲情的美丽。

三毛特别喜欢读书。正由于此，三毛用读书驱赶了她人生的许多灰暗，驱散了她心中的阴云。所以，她的这两句话，也算是她人生的真实写照。

正因为三毛酷爱读书，所以，她才有那么多人们喜欢的书籍问世，她的小说和散文，极其抒情。

三毛的父亲陈嗣庆这样评价女儿：女儿常说，生命不在于长短，而在于是否痛快地活过。我想这个说法也就是：确实掌握住人生的意义而生活。在这一点上，我虽然心痛她的燃烧，可是同意她的观点。

三毛给人的印象是："携了书和笔漫游世界"！

三毛给我的印象是：她读书、写作、旅行。去除了烦恼，有的只是愉快！

{32 梦想与读书

> 这世上有两种东西是别人抢不走的：
> 一是藏在心中的梦想，二是读进大脑里的书。

生活所感·读书所得

是人，就应该有梦想！

一个连梦想都没有的民族，是没有希望的民族。

马云说得好：人一定要有梦想，万一实现了呢。

梦想是对未来的一种期望，是现在想未来的事。

梦想就是一种让人感到坚持就是幸福的东西，是人生的目标。

甚至可以视其为一种信仰，而不切实际的梦想则是执念。

梦想是助人成功的基石。

梦想是催人奋进的动力。

梦想是勇往直前的源泉。

中华民族的共同梦想，就是实现中华民族的伟大复兴，这是一个强国梦！

一个人的梦想，一个民族的梦想，深藏在人的心中，甚至进入一个人的灵魂。

有了这种高层次的梦想，就按自己的梦想去努力，去奋斗，去实现。

这种深藏在心灵和灵魂中的东西，即使别人很羡慕，也拿不走，抢不去，偷不了！

一个喜欢读书的人，他读的书到哪里去了？

这些书，转化为了无形的知识，深藏在大脑中，融化在血液里，形成了一个人的素质、素养、修养、学养、涵养、能力、水平、层次、三观。

体现在他的一言一行中，凝结在他的工作、生活和再学习的实践中。

并改变他的容颜，改变他的人生轨迹，塑造他的人格，让他遇到更好的自己。

你的书可能被人家偷走，你的财富可能被人家盗走，但是，你读了书，知识化了，财富化了，能力化了，谁能偷得走呢？想偷？门都没有！

正如 2019 年共和国勋章获得者、中国工程院院士袁隆平说的：人身上最值钱的东西，并不是金钱，而是装在脑袋里的知识和一颗责任心。

{33 人才与本事

人才都是熬出来的，本事都是逼出来的。

生活所感·读书所得

这是曾国藩的一句名言，也是他自己一生的真实写照。

为什么人的成才之路要熬？

因为成才之路很难、很艰辛。芸芸众生，多少人希望成为人才哟！因为成为人才，要有知识，要多读书，许多人却静不下心来读书学习，坐不了冷板凳，坚持不下去，熬不下来，就出不了头，成不了才。

曾国藩在给他儿子的一封家书中就这样写道："余于凡事皆用困知勉行功夫，尔不可求名太骤，求效太捷也。困时切莫间断，熬过此关，便可少进。再进再困，再熬再奋，自有亨通精进之日。不特习字，凡事皆有极困极难之时，打得通的，便是好汉。"

显然，曾国藩结合了自己的亲身经历，既给曾氏后代，也给希望成才的人指明了一条道路：不断精进，一步一步地走，不要急躁、浮躁，要慢慢熬，有耐心、恒心和毅力，长期坚持不懈！

人不可能一生下来就有本事，即使有，那也只是会哭的本事！

绝处逢生，置之死地而后生，眉头一皱，计上心来，就把本事逼出来了。

每个人的潜能都是巨大的，都有被开发出来的可能性。关键是，自己愿不愿意被"逼"，是谁去"逼"？是自己逼自己，别人"逼"你，还是环境"逼"你？通过什么方式"逼"你？

人们发现，世界上有那么多的总统，没有一个是经过"总统培训班"培训过的，没有一个大学有"总统专业"，绝大多数人也是被"逼"上了总统岗位的，而且相当多的人，在总统岗位上做得不错，本事也蛮大的！

而且，古今中外，受命于危难之中，天降大任于斯人的情况也是很多的。

中国历史上，很多文人，没有当过兵，连枪都拿不动，但是，带兵打仗的本事不是"逼"得很大吗？韩信、诸葛亮、王阳明、曾国藩不就是如此吗？就连毛泽东，一个从未上过军事院校的人，黄埔军校校长蒋介石也拿他没办法，没有毛泽东的军事本事大，毛主席用兵真如神呢！

特别是这曾国藩，本是一介文臣，太平天国运动逼着他成为一位军事家，成为一位"无湘不成军"的军事领袖，成为清朝文人被授予最高武侯（一等毅勇侯）的人。

有人说，天下事，有所激、有所逼而成者居其半。困难、极困之处，恰恰可能是一种激励和逼迫！

71

{34 庸人与才人

> **古今庸人以惰致败，古今才人以傲致败。**

生活所感 · 读书所得

这是曾国藩经常告诫他子孙的一句名言。

曾国藩认为，古今之庸人，皆以一"惰"字致败。

曾国藩这里讲的"庸人"，就是平凡的人、平常的人、普通的人、一般的人。没有太多的贬义，它是与有才能的人相对而言的。

这里的"平庸之人"，没有什么才气、才华、才能、才干，但也不气馁，只要勤奋工作，就能成就事业，即所谓"勤以补拙"。

而常见的"平庸之人"，最忌讳的就是一个"懒"字、一个"惰"字。

本来就没有什么本事，又没有什么捷径可走，如果再懒惰，还有什么希望？不败才怪呢！

曾国藩认为自己其实并不是一个聪明的人，于是，就在一个"勤"字上下大功夫，从而成就了一番大事业，他也给曾氏后代做出了榜样。

曾国藩认为，天下古今之才人，皆以一"傲"字致败。

有的人，有了一些才华，的确有了本事，就目中无人，"傲气十足""傲慢无礼""恃才傲物""目空一切"。谁也瞧不起，瞧不起领导，瞧不起同事，瞧不起部下，老子天下第一，于是，就认为离开了自己，这一摊就玩不转，"非我莫属"！于是乎，不与人通力合作，甚至不服从领导，不能虚心向别人学习，原来仅有的一点本事，要么被别人超越，要么慢慢落后下来。最后，当然就失败了。

其实，有才者更应该谦虚谨慎。毛泽东主席曾多次告诫我们，特别是那些有才华的人："谦虚使人进步，骄傲使人落后。"古训说得好："满招损，谦受益。"

要知道，这个世界，没有不可替代的人，缺了任何一个人，这个地球都会转动。

"傲"字当头的人，不能够很好地处理人际关系，特别是才人、名人，包括伟人，力戒"傲"，方能立于不败之地。

所以，古人说："人生大病，只是一傲字。"

这真是："傲"如一把刀，什么都砍掉。伤人千千万，害己怎知晓。

{35 "思求问"兼备

不思，故有惑；不求，故无得；不问，故不知。

生活所感·读书所得

这是曾国藩的名言，也是他对自己的要求和对子孙的告诫。

曾国藩主张人要思考，他认为，一个人长大脑，就是要用它来思考的。有困惑、有疑惑了，就"思之"，就去学习探究，可能就解惑了。不去思，惑永远解不了。

笛卡尔说得好，"我思故我存在"。不思考，要大脑干什么？没有大脑，人还成其为人吗？人不思考，就不是真正意义上的人了。

74

富兰克林说得好："读书使人充实，思考使人深邃，交谈使人清醒。"为什么说大师们、伟人们思想深邃，他们的见解有深度、有高度、有广度？非常重要的一点在于，他们比常人更多地思考。

爱因斯坦则认为："学习知识要善于思考，思考，再思考，我就是靠这个方法成为科学家的。"

曾国藩提倡"求"。这里的求，就是追求，探求。求得求得，有求才有得。没有探求，就得不到真理；没有追求，无疑行尸走肉，就没有任何希望可言。

正如高尔基所说："一个人的追求越高，他的能力发展得越快，对社会就越有益。"因为追求的东西都比自身的境况更高、更好、更强，这就要求人们通过加倍的努力达成目标，于是，能力就提升了。

曾国藩希望学习知识要提问。他认为，学问，学问，学就要问；不问，就不会知道那么多的知识。而且，他特别提倡"不耻下问"。曾国藩自己能有这么大的学问，这与他的既学又问，既问更学，边学边问，边问边学，是有很大关系的。

当年的老子在小小年纪时就特别爱提问，他向妈妈提问，向同学提问，向老师提问。他的老师商容，本来就学问高深，而小小的老子就问老师：天上是什么？老师回答了是什么，他又问天上的什么上面又是什么？一直这样问下去，老师只有辞职，另外推荐了更高级的老师教授他，这种提问，成就了老子高深广博的知识。

75

鲍波尔[1]说得好："正是问题激发我们去学习，去实践，去观察。"

巴尔扎克[2]说得好："生活的智慧大概就在于逢事都问个为什么。"

海森堡[3]也说得好："提出正确的问题，往往等于解决了问题的大半。"

当领导的、做研究的、搞发明的，要坚持问题导向。

1 鲍波尔（1902—）奥地利自然科学和社会科学家，逻辑学与科学方法论教授。
2 奥诺雷·德·巴尔扎克（1799—1850）法国小说家，"现代法国小说之父"。
3 沃纳·卡尔·海森堡（1901—1976）德国物理学家，量子力学创始人。

{36 "四不"有道理

不自重者取辱，不自畏者招祸；
不自满者受益，不自是者博闻。

生活所感·读书所得

这是曾国藩的一段名言，我觉得很有道理。

自重，一般指的是自珍自爱，谨言慎行，尊重自己的人格。而"请自重"，表示一种警告。

古人说得好："自重者，人恒重之。"其实，自重是做人的基本准则。不自重的人，有可能伤害别人，更有可能伤害自己，结果，不仅得不到别人的尊重，反而会自取其辱。

人要学会自重，首先是做更好的自己，尽量完善自己，从而让自己"重起来"；再就是不要勉强别人，不要强势地把自己的东西如观点、行为方式强加给别人，学会尊重别人，与别人和谐相处，否则，会让自己难堪。

做人要有敬畏之心，还要有自畏之心。这里的自畏，是说自己要害怕自己，有什么过错对自己和对别人都不好，但更多的是要有敬畏之心，敬畏自己，敬畏他人，敬畏社会，敬畏规则，甚至是敬畏一切。这是曾国藩的一贯思想，他特别有名的话就是"心存敬畏，行有所止"。没有敬畏心，胆大妄为，没有底线，踩"红线"，碰"高压线"，越界越轨，当然就会祸事连连了。

满招损，是古训。一杯水，装满了，就再也装不进去了。更糟糕的问题是，这个杯子本身可能只有半杯水，但它认为自己是满杯水，摇头晃尾巴的，"满壶全不响，半壶响叮当"，不谦虚，太骄傲，当然就不能进步。所以，"空杯心态"一直被人推崇。一代武学宗师、功夫巨星李小龙也非常推崇"空杯心态"，他说了："清空你的杯子，方能再行注满，空无以求全。"

要知道，自满使我们目光短浅，安于现状；懈怠使我们故步自封，坐失良机。

自是，自以为是，也是自满的一种。有一则寓言故事是这样的：相传在古代，知了是不会飞的，知了想学飞翔，想像大雁一样飞得更高更远。大雁耐心地教知了飞翔，讲了许多道理，并多次亲身示范，但是，知了才学了一点点，可以飞一点点，就不愿意再学了，认为飞翔太简单了，对大雁的教导不耐烦，大声地说："知了，知了。"大雁让它再多试飞几次，它自满地说："知了，知了！"秋天到了，一群大雁往南飞，一会儿成人字形，一会儿成一字形，知了羡慕极了，它也试图展翅高飞，但就是飞不高。看着远飞的大雁，知了只有连声哀叹："迟了，迟了！"

相对于自以为是的人而言，空杯心态的人，能学到更多的东西，能成为博学之士！

{37 人才的褒贬

> 人才何常：
> 褒之则如甘雨之兴苗；
> 贬之则如严霜之凋物。

生活所感 · 读书所得

我做过很多次"曾国藩的用人之道"的演讲。曾国藩的识人、用人、驭人之道，那真是有一套。

曾国藩认为，对人才，要多多激励、鼓励、勉励，加以"褒之"。

这如同一棵幼苗，它今后可能会长成参天大树，可能会长出累累硕果，但在幼苗时期，在它成长的过程中，要施之以阳光雨露，让它茁壮成长。

今天，对孩子、学生、青年员工也是如此。

他们尚且年幼、年少、年轻，在成才的过程中，难免有这样或那样的过错，这是成才的必经阶段。

我们自己不也是这样过来的吗？

多呵护他们，多欣赏他们的每个成绩，哪怕只是一点点成绩，也要给予"褒奖"，从而给他点燃成功的明灯。

这里的"褒奖",不仅仅是表扬、赞扬,更是为他们的成才提供帮助,创造条件,搭建平台,提供实践的舞台,打通上升的渠道,架起通往成功的云梯。

当寒冬来临,万物萧瑟,冰天雪地,严霜如刀,植物凋零,这是一副多么萧条的景象,都是严霜的错哟!

在人才的成长过程中,父母、老师、领导,不要做"严霜",不要"一年三百六十日,风刀霜剑严相逼",不要过多地指责他们,不要打击他们的自尊心、自信心。什么"你太笨了""你个笨猪","教牛都教会了,怎么教你那么多遍还教不会?"这样,孩子、学生、员工仅有的一点成才的火花也可能被"严霜""冰水"给浇灭了。

向往优秀的父母、老师、领导,指责的东西、贬低的东西应该越来越少,而欣赏的东西、"褒奖"的东西应该越来越多。

爱人才,多褒之,少责之,不贬之。

爱,不是寻找一个完美的人,而是用完美的眼光欣赏一个不完美的人。

79

居官四败:
昏惰任下者败;傲狠妄为者败;
贪鄙无忌者败;反复多诈者败。

生活所感·读书所得

我曾经做过"曾国藩的为官之道"的演讲。

自古宦海沉浮,"官场现形",三起三落的人多得很。但曾国藩为官30多年,为什么他能独步官场,宦海不倒,甚至官声尚好,"任凭风浪起,稳坐钓鱼台"?他亲自手书了"居官四忌"或者叫"居官四败",挂在自己的书房里,时时提醒自己,刻刻警示自己,为官啦,如履薄冰,如走钢丝,处处有陷阱,随时有破败,身败名裂。

曾国藩的这"居官四败",是留给后来诸多为官者的一笔宝贵财富、一副清心醒脑的良药、一张醒目的警示牌!

为官昏昧怠惰,轻信他人,懒政,怠政,不作为、慢作为、乱作为、胡作为,老百姓特不喜欢,上级领导也特不喜欢,"当官不为民做主,不如回家卖红薯",多么生动形象的比喻!长期昏惰懒政之人,迟早要被老百姓赶下台,如果是领导者,将被撤职换掉。这种人，焉有不败之理？在其位，就要谋其政，当"鞠躬尽瘁，死而后已"。

做官之人，以为自己有了职务、有了地位、有了权力，就傲视一切，胆大妄为，凶狠残暴，鱼肉乡里，欺压百姓，古时的恶吏在书中岂是少数？今天的为官之人，少数也有之。他们应该知道，手中的权力是党和人民给的，对百姓太苛刻，不厚道，不为百姓尽心尽力办好事，焉有不败之理？

为官之人，当清正廉洁，奉公守法。如果真想挣大钱，下海经商不就得了！古今都有，有的当官之人，"上桌就捞菜"，为官就贪腐，手伸得很长，贪得无厌，贪鄙无忌，肆无忌惮，"三年清知府，十万雪花银"，而且贪污的金额越来越大，贪腐的花样越来越多，这样的官焉有不败之理？

伟大领袖讲了，"诚信是人生最大的财富"，在中华优秀传统文化中，特别注重诚信。诚为里，信为表。孔信孟诚。反复无常，承诺后马上反悔，变脸比翻书还要快，新官不理旧账，欺诈奸诈，这样的人，谁愿意与他打交道？还有什么朋友可言？这样的总统，这样的超级大国，霸凌主义，"上帝要它灭亡，必先让它疯狂"。这样的当官之人，焉有不败之理？

当官的，当领导的，只有做到勤政、谦和、廉洁、诚信，才能立于不败之地！

{39 "顺闲逆"三境

**人生三境：少年经不得顺境，
中年经不得闲境，晚年经不得逆境。**

生活所感 · 读书所得

这是曾国藩自身经历的深刻体会！

世间早就有与人生"三大不幸"相似的说法：少年得志，中年丧偶，老年无依。

人们都希望"一路顺风""顺顺当当"，但少年太顺，往往并不是好事。因为少年太顺，少年得志，可能就不思进取，不再勤奋努力，"因为优秀，就很难走向卓越"，浅尝辄止，最终没有什么大作为。不少神童成长的轨迹也是如此。而且，少年顺境得志，可能犯的一个通病是"年少轻狂"，目中无人，骄傲自满，从而不能继续进步。更重要的是，不少人少年太顺了，再后来，到了纷繁复杂的社会，就适应不了；特别是一个人不可能一生都顺，时时都顺，事事都顺，一旦遇到不顺的事，甚至是危险的事时，没有经历过挫折的人就会不知所措，甚至心灰意冷，一蹶不振。有的人甚至会选择逃避、放弃人生。所以，对孩子、对少年、对学生，要进行必要的抗挫折训练。

中年人，正是努力学习、努力工作的时候，正是把青少年时期学到的东西用于为社会、为自己也为家族创造财富、创造超额价值的时候，这个时期太闲，去追求所谓的"闲适"，贪图一些享受，就会无所事事，不思进取，会觉得闲得无聊，闲得发慌，甚至闲得生病。自己找些事做，把正在做的事做对、做好、做精、做绝，在这方面，空间是很大的，甚至是没有上限的。一旦自己老了，退休了，可以发挥一些余热，亦可安度晚年，只要不给社会、不给别人添乱惹事找麻烦，就尽量淡出、闲适。

在少年、青年，甚至壮年时，身处逆境当奋起，三起三落，还可以从头再来。太阳落山了，第二天还会升起的。但是，人老了，体力不支了，精力差了，很多事往往就心有余而力不足了，过过"脑瘾"尚可，但思想慢一拍，行动就慢三拍，于是，他们更求安稳了，不再去冒风险了。他们更经不起"逆境"，逆境对他们的打击会比对青年的打击更大，他们"翻盘"的概率太小。曾国藩其实也是如此。由于"天津教案"，曾国藩处于空前的逆境，甚至是"绝境"，这对他这样一位饱学之人，特别注重养生之人，打击太大，他只活了不到61岁，与他晚年身处逆境不无关系。

人生一旅程，顺境加逆境。心态调整好，无愧来此生！

{40　品格与"运气"

一个喜欢读书的人，品格不会坏到哪里去；
一个品格好的人，一生的运气不会差到哪里去。

生活所感·读书所得

曾国藩这段话，是从一般意义而言的，如果要较真儿的话，就有很多个体差异。古今中外有不少喜欢读书的人，品格却极差。比如，大魔头希特勒，书应该读了不少，大汉奸汪精卫读的书也很多，他们的品格就特别差！有不少人，斗大的字不识一箩筐，谈不上读书，但是，他们朴素的品格反而很高尚。

一般而论，喜欢读书的人，大多数读了书的人，更会做人，更加明理，这与曾国藩一贯倡导的读书观是一致的。通过读书，读好书，自己就能不断得到提升和完善，接受圣人的教诲，得到大师的教导，甚至是圣人、大师本人，读书也会使他有所进步。过去的品格缺陷，也会慢慢地好起来，如南宋思想家朱熹所说："知其不善，则速改以从善，最要在速字上着力。"又如英国哲学家培根所说："读书使人成为完善的人。"

过去品格很好的人，喜欢读好书，自己的品格就会好上加好。因为喜欢读书到了一种境界，读书成了一种德性，成了一种本能，书籍也成了改造自己灵魂的工具。

许多人赞成"运气"之说，但不太愿意使用"命运"二字。有人说，运气是偶然的，命运是唯心的。

运气，是生命运动气化规律的简称。人们经常说的运气，主要是指在不可控制的非人力作用下，事件的结果恰好与某人的猜想或个人决定一致，让人不可思议，认为完全不可能存在却发生了。

经常听人说："我碰碰运气！""今天手气不错！"

不要把运气与命运联系起来！

曾国藩把运气与人的品格联系起来。品格好的人，可能人际磁场更强大，他的好运气不是老天爷或神灵的帮助，也不是"暗物质"的作用，更可能是因为品格好了，别人会在明里暗地帮助你；而且，品格好的人，心态好，信心足，做事更加勤奋努力。你做好把偶然变成"好运"的必然的准备了吗？就算是遇到了坏运气，只要品格好，也会逢凶化吉，遇难呈祥。

其实，我更主张把运气看作"机遇"，只要品格好，只要勤奋努力，做好准备，你就不用辛辛苦苦去抓机遇，碰运气，好机遇、好运气会主动找你，因为"机遇总是惠顾有准备之人，运气总是降临于品格高尚的人"。

{41 赞"聚服得率"

轻财足以聚人，律己足以服人；
量宽足以得人，身先足以率人。

生活所感·读书所得

曾国藩的这四句话，主要是针对当官、当领导的人说的，也是他自己的亲身体会。

都说君子爱财，但要取之有道。

取之无道，不择手段地敛财，甚至恶性贪污腐败，"数额巨大"，就会身陷囹圄，万劫不复。

作为官家人，虽然不是说都要"视金钱如粪土"，都要那么憎恨钱物，但是，可以把钱财看得轻一些，"够生活就行了"，毕竟钱财"生不带来，死不带去"。

这样，部下更信服你，更愿意聚集在你的周围，与你同生死共患难。

严于律己，是古往今来对当官人的重点要求，今天，更是对共产党干部的特别要求。

要群众做到的，当领导的要带头做到；要群众不做的，领导绝对不能做。

　　有的领导人,之所以不得人心,群众、部下不服他,往往就因为他对别人严格,对自己放纵;说一套做一套;台上他说,台下说他,问题就出在没有严格要求自己。自律是领导干部的重要品格和为官的基本要求。

　　有人说,作为领导者,肚量要大, "大肚能容,容天下难容之事" ,宽容的领导,官做得才大,宽容胜过百万兵。你肚子里能容得下 10 个人,就可以当班长;容得下 30 个人,就能当排长;容得下 100 个人,就可以当连长;容得下千军万马,就可以当将军、元帅。所谓"宰相肚里能撑船,将军额头可跑马",就是这个意思。

　　领导的肚量大,已经在你手下工作的人,才能留得住;外面的人也才会纷纷聚集到你的麾下。

　　当领导的人,首先"领",就是带领、引领。领,靠素质、素养和魅力。其次, "导" ,就是指导、引导、教导、辅导。导,靠本事、本领和能力。领,一定要站在前面,身先士卒,冲锋在前:跟我上,看我的,我们一起干。这样,才能率领部下实现组织交代的目标,完成任务。

{42 "五多"很理性

> 多躁者必无沉毅之识，
> 多畏者必无卓越之见，
> 多欲者必无慷慨之节，
> 多言者必无质实之心，
> 多勇者必无文学之雅。

生活所感·读书所得

曾国藩提出的这"五多"，仔细思考品味，很有道理。

人要有知识、见识、学识，在工作中，在领导与管理活动中，能够提出一些有见地的建议，受到上级领导和同事们的重视和尊敬，那是很荣耀的事情。但是，一个人如果很浮躁，甚至狂躁，平时没有积累，事先没有准备，关键时刻反而侃侃而谈，说不到点子上，废话连篇，当然就没有深沉之感，就没有沉毅之识，如风随之而过，留不下痕迹，没有什么价值。

而在领导与管理活动中，不敢担当，什么事都缩手缩脚，前怕狼后怕虎；干也怕，不干也怕；不能创新，不能创造，胆小怕事，没有魄力，不能决断，没有自己的主见，没有自己的思路，不能提出可行的方案，没有卓越之见，这主要还是一个

"畏" 字上，畏惧、畏缩、畏怯、畏忌，本质上患得患失，太顾忌个人的利益得失。

俗话说，人都是有欲望的，而人的欲望也很多，有的欲望是没有止境的。但是欲望太多是干不了大事的，不能专心、专门、专注于某一两件事情去做精、做深、做好。欲望太多就有小家子气，打的是小算盘，算的是小账，不可能有大局观念、全局气概，就没有慷慨之气节，从而成不了大气候。

作为领导干部、当官之人，在许多场合都要谨言慎行。什么场合该说，什么场合不该说；什么场合说什么样的话，什么场合不说什么样的话；什么场合多说，什么场合少说，什么场合不说。在许多场合 "惜言如金"，特别是表态时，更要谨慎，一诺千金。有时，保持沉默是非常重要的。君不见，高山无语，自有巍峨；太阳无语，自有光芒；蓝天无语，自有高远。领导干部，在许多场合下，言多必失；言多了，话语的分量就轻了，质实性的干货就少了。

勇敢是需要的，勇者无惧，勇往直前，勇于担当。但是，如果逞一时之快、匹夫之勇、有勇无谋，这种所谓的 "勇" 也不可取。勇过了度，就欠些儒雅，少些斯文。特别是少了些文学之美。既需要 "勇者无惧的阳刚美"，也需要 "柔情似水的文学雅致美"。

{43 与灵魂交流

书籍是造就灵魂的工具。

生活所感 · 读书所得

我喜欢雨果的作品，喜欢雨果的这段话，用它指导人生很受用！

雨果，被称为"法兰西的莎士比亚"，一生写过多部诗集、小说、剧本、散文集和许多篇文艺评论及政论文章。我年少时期，就喜欢读雨果在 1862 年写的《悲惨世界》。雨果的诗作，有着瑰丽的色彩，充满天马行空的想象力，还有绝妙的音乐美，优雅、朴实、精美、雄伟，是凝固的画卷！

"继铜色的天幕，是灰沉的苍穹。夜，迈出一步，黑暗之物将生，树木窃窃私语。风，吹自九霄。黄昏金毯闪烁的水面，皱起，一道道黑夜的幽波。夜又进了一步……"看，雨果那美妙的文字！

雨果特别喜欢阅读，他认为这是他的生命。

大多数的人都是平庸的，伟人何其少！即使不能成为伟人，很多人还是想摆脱平庸。雨果认为，如果想摆脱平庸，最佳途径就是读书。

一般人，想都没有想到与自己的灵魂交流。

为什么要与自己的灵魂进行交流？怎样与自己的灵魂交流？

雨果给我们指出了一条道路、一个方法。通过阅读，把优美的语言、经典的思想融入自己的灵魂，净化自己的灵魂，陶冶自己的情操；将灵魂深处阴暗的角落扒拉出来，亮相给自己看看，去除丑恶的、肮脏的，还灵魂一片洁净！

雨果可是经常通过阅读与自己的灵魂交流呢，于是，他才有了那么多触动人心扉、深入人灵魂的美妙作品。

其实，雨果那么多作品，世人读起来，会突然感觉到，这是雨果在与读者进行灵魂的交流呢！不信，你读一下他下面的这些文字：

被人揭下面具是一种失败，自己揭下面具却是一种胜利。

从梦幻中醒过来是多大的幸福呀。

多办一所学校，就可少建一座监狱。

各种蠢事，在每天阅读好书的情况下，仿佛烤在火上一样，渐渐熔化。

教育！科学！学会读书，便是点燃火炬；每个字的每个音节都发射火星。

人，有了物质才能生存；人，有了理想才谈得上生活。

人类第一种饥饿就是无知。

{44 五官与三观

> **相爱看五官，相处看三观，处久要舒服。**

生活所感·读书所得

长久以来，成亲组成家庭，多是父母之命、媒妁之言。几千年来，大家都是这样过来的。偶尔有点自由恋爱的，成气候的少，当异类的多。

社会发展到今天，自由恋爱成为社会主流，父母包办婚姻则逐渐退出历史舞台，包办太不符合时代的潮流了。

自由恋爱看对方的什么？如何择偶？芸芸众生，谁才是我的心仪之人呢？谁能与我白头到老呢？

我参加过许多的结婚典礼，当过许多次主婚人和证婚人，主持人在婚礼上几乎把世界上最美好的语言都说完了。夫妻俩怎样才能携手相爱如初直到永远呢？显然，不是只靠祝福的话就能解决的！

不少现代年轻人，"相爱看五官"，更多的是注重外形。要有眼缘，颜值要高，五官要好，于是，一见钟情，闪电式结婚。一旦到了婚后，发现"再好的脸蛋也长不出大米"，不能天天看脸蛋过日子，柴米油盐酱醋茶，开门七件事，总要实实在在地做。而且，对工作、对生活、对学习、对家庭、对社会、对孩子、对父母、对双方关系、对亲朋、对金钱等的看法差距就显现出来了，甚至分歧就拉大了，于是，"闪离"这个词就落地了。

由于看五官，两个人相爱成家了；要想在一个家庭、在一个科室、在一个班子、在一个团队，包括在一个微信群相处下去，可持续地相处，更多的是看三观：人生观、世界观、价值观。所谓"道不同，不相为谋"，也许就是这个道理！

勉强处在一起，同床异梦，貌合神离，各怀心思，就是同吃一锅饭，同睡一张床，同乘一辆车，各自也可能感到难受。

于是，就有人认为，"舒服"二字很有味道，大道理太多，我却很喜欢"舒服"二字，夫妻、家人、朋友、同事、同学、战友、上下级、内外部、一个群，相处时感到舒服，多好啊！它是身心的安适称意，生命的自然状态，心理上的需求得到满足。

让自己感到舒服，让别人感到舒服，多么简单，却是化境！

正所谓：短期交往看五官，长期相处看三观。

{45 尽孝"天神人"

尽孝者，天必佑之，神必帮之，人必敬之。

生活所感·读书所得

中华民族是一个伟大的民族，中华民族历史悠久，中华民族有上下五千年的历史，中华民族之所以生生不息，千万年繁衍、传承下来，并将永续繁衍、传承下去，是什么原因？原因很多，其中，非常重要的一个原因，就是有优秀的中华文化。

在中华文化宝库中，孝道文化是一朵绚丽耀眼的奇葩。孝道文化，是一种什么文化？它是以孔子、曾子的《孝经》为代表的文化，是从古至今孝道的理论和实践的总结。孝道文化，是一种极具中国特色的传统文化，是一种中华优秀传统文化，是一种应该大力传承发扬的优秀文化。什么是孝？什么是尽孝？孝，本义是对父母的赡养。《尔雅》中说："善事父母曰孝。"

孝，就是对父母的尊敬、侍奉、事奉，就是对父母的孝敬、孝顺。广义的尽孝，就是对自己所有的长辈、对社会上所有的老人，还包括对领导、老师、师傅的尊敬。

孔子、曾子在《孝经》中讲："父兮生我，母兮鞠我，拊我蓄我，长我育我，顾我复我，出入腹我。欲报之德，昊天罔极。"

儿女对父母尽孝,天经地义,本该如此。儿女尽孝,是良知、是良心。儿女不尽孝,那叫丧尽天良。

儿女尽孝,是感情、是感谢、是感恩,而不是还债。感恩性地孝敬父母,是发自内心的,是内在的、内生的行为,是一种自动自发、自觉自愿的行为,是对父母曾经给予我们生命、身体,抚养我们长大的一种由衷的感谢、感激,一种深入灵魂迸发出来的回报,是带着一颗真诚的心去报答。

尽孝的儿女,自己感到的是快乐。儿女尽孝,是优秀的起点,是最高的准则,是教化的源泉,是最基本的伦理,是文明的标志,是道德的根本,是做人的底线。

尽孝,是最好的人品。人品决定产品,尽孝决定人品。人品的重点是仁善。尽孝,是最好的仁、最好的善。所谓"百善孝为先",就是这个道理。孝做好了,能惊天地泣鬼神。

尽孝,是一个人对历史的总结,是一个人对现状的检验,是一个人对未来的预测。求人不如求己,求己求什么? 尽孝啊!

孝者天助、神助、人助。也就是说,尽孝道的人,老天爷都会帮助你,有神灵的庇护,有别人暗暗帮助,做任何事都会顺利! 于是,你的命就好,你的运气就好,你的工作、生活、学习就很顺利。

一个人,是否尽孝,有没有人知道? 有! 谁? 人在做,天在看!

尽孝道的人,不仅是在报恩,更是在积德。德积多了,德积厚了,厚德就能够载物,福报就来了。尽孝的人,即使没有钱物,钱物也会滚滚而来;反之,不尽孝的人,即使有钱物,

95

也很难守住。

有人说，尽孝的人，是在积福，越是尽孝的人，越会感到幸福，你给父母带来了幸福，这也是你最大的幸福。尽孝是一种积分。这个社会，有很多的积分，手机、购物、乘坐飞机都有积分，其实，尽孝，积的分最多，是积的幸福之分，这是一种取之不尽、用之不完的储蓄。

有人说，幸福与否，看父母；成功与否，看子孙。这也许有一定的道理。尽孝是在积善，这不仅仅是遵循古训"百善孝为先"，而且，尽孝是让父母因为生养儿女、奉献牺牲，得到应有的回报，让他们的身体和心灵得到一种特有的慰藉，让父母没有因生养儿女而后悔和遗憾。

如果说，一个人真有命运、运气的话，那么，尽孝的人，一般说来，命和运都会好，因为他尽孝，他积了德、积了福、积了善、尽了责，好人终归会有好报的，他就会逢凶化吉，遇难呈祥。他尽了孝道，得道会多助的！

有人说，能得到老人（父母、长辈）说你的好话，能得到父母、长辈的祝福，他会"走运"的，会走大运、好运的！反之，如果让长辈咒上几句，骂上几声，这样的人，会有什么好日子过吗？

所以有人讲，把自己的父母、长辈当仙、当佛、当神来供养吧。

我在《让生活爱我》一书讲了：

孝，不能等待。只要一等待，稍不留神，你尽孝的时机就没有了。

正所谓：树欲静而风不止，子欲养而亲不待。

{46 秋风中庭树

故人笑比中庭树，一日秋风一日疏。

生活所感 · 读书所得

这是才女杨绛的名句，我很喜欢。

这是杨绛打的一个比方。一座院子里的中庭，有一棵树，春天来了，树上长了许多叶子，枝繁叶茂。但是，到了秋天，秋风阵阵，树上的叶子便一片一片地掉在地上。虽然看到这种景象让人有些伤感，但是，这是自然规律，非人力可抗拒。

一个正常的人，一辈子可能要交好多朋友，儿时的、学校的、工作中的，随着年龄的增长，这些朋友成了故人。过去走得很近的，由于种种原因，可能疏远了：有意疏远者有，无意疏远者也有，有的甚至可能离开了人世。那真是"天下没有不散的筵席"。更何况，时过境迁，每个人都有自己的朋友圈子、生活圈子、工作圈子、微信圈子、关系圈子，这些圈子随时都在发生变化，不可能强求永远都像从前一样亲密、紧密。

"时间就像一把杀猪刀，刀刀催人老"，时间的"秋风"可能会吹散一切！

不过，杨绛与她的夫君钱锺书倒是一生都那么情深意切。

97

钱锺书先杨绛而去，杨绛眼见着夫君被火化，她悲痛欲绝，但很坚强，秋风没有使她疏远她的丈夫这个"故人"，她对钱锺书依旧一往情深！

杨绛与钱锺书都是大文人，有时双方要玩点文字游戏。当时，在确定了恋爱关系后，并没有在一起工作，杨绛就给钱锺书写了一封信，全信只写一个字："怂"！这是给钱锺书出的一个难题、一个哑谜，看他怎么回信。结果没过多久，钱锺书给杨绛回了一封信，全信也只有一个字："您"！

杨绛看了钱锺书的这封只有一个"您"字的信，十分感动！因为这是钱锺书对杨绛的一种深情表白，也是一种心灵相通。

其他人都不解其意，因为这又是一个哑谜。

在大家的再三追问下，杨绛终于说出了其中之意：杨绛给钱锺书信中的一个字"怂"，是在暗暗地询问"你心上有几个人"；而钱锺书回信非常干净利落："您"，也就是心上只有你一个人的意思。

这两封信，后来被很多人传为最短的情书佳话。

真正的故人、友人、情人，时间的秋风是扫不了落叶的！

{47 长寿的秘诀

> **长寿的最大秘诀是生活有规律。**

生活所感·读书所得

健康长寿，几乎是每个人的希望、期望以及奢望，帝王将相、达官贵人、文人书生、商贾工匠、军人农民，无不如此。

从当年的秦始皇派徐福寻找不死药，到后来的许多帝王醉心于请方士炼丹，都是试图让自己长寿。

今天，人类的平均寿命已经大大提高了，但是，希望更长寿的意愿是永远没有尽头的，就算活了一千岁，终归还是要逝世，人们还想再长寿，想活到一千五百岁。

现代社会几乎穷尽了长寿的方法：内修、养生、养心、锻炼、饮食、睡眠、水质、空气质量、生态环境、医疗条件，能够想到的基本上都想到了，基本上都做了。

网上一查，关于长寿秘诀的方子太多太多，大多数还是有一定道理的，比如，心态第一，注重养生，饮食适量，睡眠充足，多吃水果、多饮水、饮食尽量清淡，适度锻炼，等等。

据说，有一个所谓的权威机构，调查了 60 个百岁老人，就问一个问题：您活到了一百岁，长寿的秘诀是什么？抽烟吗？

喝酒吗？运动吗？等等。结果调查发现，有的长寿老人一直抽烟，有的从不抽烟；有的一直喝酒，有的从不喝酒；有的一直信奉生命在于运动，经常锻炼、运动；有的信奉长寿在于静止，静养自己。基本上没有找到什么秘诀性的东西。后来，再认真调查，还真让他们找到了两样共同的东西，60个百岁老人无一例外：第一，都自信，对自己、对社会、对未来都自信，这是很有道理的，所谓"自信人生二百年，会当水击三千里"；第二，都对人宽容，不是那种小肚鸡肠的人，心里不放事。

有的专家认为，一个人寿命的长短，取决于很多因素，包括先天的和后天的、自身的和外界环境的因素，而且个体差异很大。但是，有一种观点是占据重要地位的，那就是从最基本处、最简单处甚至是从原点找秘诀："规律"！也就是生活要有规律！他们认为，人的本质属性是社会性的，但寿命的长短，很大成分属于自然属性，自然规律在人的寿命问题上有集中的体现。所以，人要长寿，生活就要有规律性，要敬畏生命的规律、生活的规律、自然的规律。这种生活规律，包含的内容很广泛，包括前面讲的延长寿命的那些方法，关键是要符合规律，让自己尽量有规律地生活！

{48   鹦鹉说经济

如果能教会鹦鹉说两个字——供需，
那么，鹦鹉也能成为经济学家。

生活所感·读书所得

爱尔兰的剧作家、文学家、幽默大师、诺贝尔文学奖获得者萧伯纳曾引用过这句话。我特别喜欢萧伯纳，虽然我不是戏剧爱好者，但我特别喜欢他那充满大智慧的幽默！

社会上流传着一个段子，真实性不考，但可作为了解萧伯纳幽默天才的旁证。

据说萧伯纳的妻子很漂亮，智商也不低，而萧伯纳自己的相貌也不丑，但是，他有时会对自己的相貌和妻子的智商进行调侃。

有一次，妻子[1]对他说："如果我们今后生出来的孩子能集中我们的优点，像你那么聪明，像我这样漂亮就好了。"

萧伯纳调侃道："亲爱的夫人，那可不一定的。说不定生出来的孩子集中了我们的缺点，到时的孩子像我这么丑，像你那么愚蠢也是有可能的。"

鹦鹉肯定不是经济学家，鹦鹉说的经济学话语，也只是复

---

1 亦说是美国舞蹈家邓肯女士对萧伯纳所说。

述别人的话，是"鹦鹉学舌"。

在这里，萧伯纳不是强调鹦鹉是经济学家，也不是强调鹦鹉也懂得经济学，而是特别强调"供需"在经济学中的重要性。

虽然萧伯纳不是研究经济学的，不是经济学家，但是，他引用的这个比方是很正确的。所有经济学，从理论到实践，其实都是围绕着"供需"两个字展开的。

人类社会，最初生产力低下，物质产品极少，是供给不足，需求一直超前，经济短缺是主要特征。但是，工业革命以后，生产力高度发展，产品极大丰富，人类社会出现了以生产过剩为特征的经济危机，这就是供给过剩，于是，凯恩斯便提出拉动需求、刺激消费。后来，包括我国在内，全世界都采取了很多方法，拉动需求、刺激消费。近几年，我们发现，拉动需求、刺激消费要继续进行，但重点放在了改革需求的结构，重中之重放在了供给侧的改革，包括供给结构的改革，以及世界贸易战，主要还是个供需问题。

今后的经济，供需仍是主线！

给鹦鹉点个赞，它说得太好了。

其实，萧伯纳还有很多经典妙语，比如：

成功网罗着大量的过失。

不知道怎样生活的人，应该把死当成好事。

恋爱不是慈善事业，所以不能慷慨施舍。

生使一切的人站在一条水平线上，死使卓越的人露出头角来。

愚人总会发现有更愚的人钦佩他。

{49 知行王阳明

生活所感 · 读书所得

这句话讲的是知行合一。而"知行合一"，是明代王阳明最杰出的思想和成果！

王守仁，明代著名思想家、文学家、哲学家、军事家，曾住阳明洞，自号阳明子，所以又叫王阳明。他最出名的是"阳明心学"，如"致良知""知行合一"。他 27 岁中进士，最后官至兵部尚书。

知行合一的主要内涵：第一，客体顺应主体；第二，知识和行动的统一；第三，良知和行动的统一；第四，内在的知识和行动的统一；第五，理论与实践的统一；第六，认识与实践的统一；第七，不仅知道，还要做到；第八，认识事物的道理与实际行事，是密不可分的。

知行合一的本义是：知，人的道德意识和思想意念。致良知，现多指知识、认识、理论。行，人的道德践履，现多指行动、实践、执行。

第一，知中有行，行中有知。认为知行是一回事，不能分为"两截"，知必然要表现为行，不行不能算真知。

第二，以知为行，知决定行，知是行的主意，行是知的功夫，知是行之始，行是知之成，知行没有先后。

王阳明强调言行一致，表里一致。

王阳明不仅是心学大师、"知"的大师，而且也是一位"行"的大师。作为一位典型的文人，他带兵打仗也十分了得。

据说，有一年，他曾受朝廷委派镇压反叛，平叛后，他苦苦思索如何治理这块地方，使百姓长治久安。

某晚，他信步来到一位老者曾敦立的家里，曾敦立以热茶招待王阳明，"寒夜客来茶当酒"，一杯热茶，因为盛得太满，王阳明不方便喝，曾老就拿来一个空杯，将茶水一分为二。王阳明见之，起身作揖，悟到了"分而治之"。

于是，王阳明很快上疏朝廷，增设"平和县"。

{50 责任的苦乐

> 人生须知负责任的苦处，才能知道尽责任的乐趣。尽得大责任就得大快乐；尽得小责任就得小快乐。

生活所感·读书所得

这是中国近代思想家、政治家、教育家、史学家、文学家，戊戌变法领袖之一梁启超的名言。

责任，就是做好分内的工作，就是尽到应尽的义务，就是对过失的承担、对使命的忠诚与信守、对生活的积极接受、对生命的积极态度、对角色的认真扮演、对工作的出色完成，就是让别人对你放心，就是不找任何借口。

责任重于泰山，事业任重道远；尽多大的责任，就会有多大的成就。

现代社会并不缺少有能力的人，但每个组织真正需要的则是既有能力又富有责任感的人。

做成一件事情，三分能力，七分责任。

责任是一个人的核心素养，是形象、态度、能力，是一个人发挥本领的平台、舞台，是展现自己的最好机会，是上升的通道、阶梯。

环视社会，芸芸众生，"最美莫过担当人"！

责任，担当才是硬道理。

一个人，就是因为担当才来到人世间的。

担当责任，是人之为人的起码要求。

不担当责任，就等于没有责任。

不落实责任，再强调责任的重要性也是没有意义的。

我在全国做过的演讲主题中，责任方面的最多。

我写的几十本书籍中，最畅销的就是《从责任走向优秀》[1]，它获得了"全行业优秀畅销书"奖。

许多人拥有我这本书，让我在书上题词时，我基本上题的都是"责任是福"。

其实，责任也是一种压力，是一种痛苦，责任越大，压力越大，苦楚越多。

但是，当你担当责任，取得了成效，得到了别人和社会的认可、赞扬时，你负责任的价值充分体现时，你会感到无比快乐，你的幸福感会油然而生。

担当起应该担当的责任，快乐与幸福常相伴！

1 曾国平.从责任走向优秀[M].重庆：重庆大学出版社，2009.

{51 幸福的感受

幸福很矜持。遭逢的时候，它不会夸张地和我们提前打招呼。离开的时候，也不会为自己说明和申辩。幸福是个哑巴。

生活所感 · 读书所得

这是作家、心理医生毕淑敏[1]的名言，我很喜欢！

我喜欢毕淑敏的散文，质朴真诚，清闲善良，天然去雕饰。

荆墨对毕淑敏有这样的评价："毕淑敏像一个最懂你的好朋友，在温柔的夜里与你对话，回忆经历中最美好的片段：它也许是一朵很小的旷野花，也许是一盏冬天的红灯笼，也许是苍茫的大漠暮色，琐碎而平凡，却能为你推开平淡，遇见生命的辽阔。"

毕淑敏对幸福的这段描写，非常到位，幸福本身就是这么回事。

关于幸福，每个人都有自己的定义，也都有自己的幸福时刻。幸福全凭我们的感知、感觉和感受。

一般的员工，爱岗敬业，工作得到认可与肯定，那是幸福。

作为领导者，让部下在你手下工作感到舒服，是幸福；让

---

1 毕淑敏（1952— ）国家一级作家，内科主治医生，北京作家协会副主席。代表作有《红处方》《血玲珑》。本句摘自2013年出版的《愿你与这世界温暖相拥》。

部下成功与优秀，也是幸福。

作为医生，治好了病人，抢救回一条生命，那是幸福。

作为厨师，做了一桌丰盛可口的饭菜，大家吃得津津有味，那是幸福。

作为演讲者，听众专心地听，觉得有收获，那是幸福。

作为听众，听了精彩的演讲，"朝闻道，夕死可矣"，那是幸福。

作为读者，读到美妙的语言，拨动了你的心弦，触动了你的灵魂，与作者产生了共鸣，学有所获，那是幸福！

当你帮助别人获得了幸福，这可能是最大的幸福！

每个人都有自己的幸福时刻。它可能会迟到，但绝对不会缺席！

有一次，我在去北京的飞机上，看到旅游杂志上有一首现代诗，我觉得好幸福好幸福，那首诗的题目是"假如——天堂"：

假如你是一个凡人，天堂就在你的梦里，是用心和血铸就的一方净土；

假如你是一个疯子，天堂就在你的身边，任你在天堂里去笑、去闹、去跳；

假如你是一个圣人，你会知道没有天堂，但你总是向别人指出通往天堂之路。

哑巴不会说话，不能用嘴巴表达幸福，但他有对幸福的感知，他心里明白得很！

{52 知多与无知

> **我比别人知道得多，不过是我知道自己无知。**

读书所得·生活所感

这是苏格拉底的名言。

苏格拉底是古希腊著名的思想家、哲学家、教育家。苏格拉底和他的学生柏拉图，以及柏拉图的学生亚里士多德被并称为"古希腊三贤"，被认为是西方哲学的奠基者。

身为雅典公民，据记载苏格拉底最后被雅典法庭以侮辱雅典神、引进新神论和腐蚀雅典青年思想之罪名判处死刑。尽管苏格拉底曾获得逃亡的机会，但他仍选择饮下毒堇汁而死，因为他认为逃亡只会进一步破坏雅典法律的权威。

苏格拉底的学问高、广、深，渊博的学识使他名声很大，而且投奔他来求学的人很多。很多在他那里学习过的学生都感到终身受益。

有一次，几个学生聚在一起，其中一人问他："老师，您简直无所不知，您怎么会比别人知道的多那么多呢？"

苏格拉底并没有按常规回答要勤奋努力、要多学知识等，而是回答说："不过是我知道自己无知。"

　　一些人自以为是，认为自己什么都知道，其实，他们可能是真正的无知；就算很有知，以后也因止步而无知。认为自己无知的人，学而知不足，会努力学更多的知识，不断进取，当然就"知道的比别人多很多了"。

　　欣赏一下苏格拉底的其他名言：

　　唯有孤独的人才强大。

　　未经反省的人生不值得过的。

　　最热烈的恋爱，会有最冷漠的结局。

　　再欣赏一下苏格拉底的趣事：

　　苏格拉底坐牢时，听见隔壁牢房里有个新来的犯人在哼歌，那是一首新歌，他以前从未听过。苏格拉底急忙请求唱歌的狱友教他那首新歌。

　　监牢里的人都知道苏格拉底是死囚，行刑的日期日益临近。听了他的请求，唱歌的因犯很吃惊："您不知道自己马上就要被处决了吗？"

　　"我当然知道。"苏格拉底轻松地回答。

　　"那您为什么还要学唱新歌呢？"狱友不解地问。

　　这位伟人回答说："这样，我死的时候会唱的歌曲又多了一首。"

{53 逆境与难题

> 逆境是磨炼人的最高学府；
> 难题是他们取得智慧之门。

生活所感 · 读书所得

苏格拉底学识渊博，充满智慧。他认为，一个人从小上学，在许多学校乃至到高等学府学习，当然能够学到很多知识，但最能学到知识的、最能磨炼人的是"逆境"，它是一个人的"最高学府"。因为身处逆境能磨炼人的意志，让人奋起，能产生惊人的爆发力，甚至能开发个人潜能，让人一下子能更加成熟起来。所以，不少家长在教育子女时，会有意识地对孩子进行抗挫折教育，提高孩子的 AQ，即逆境商，这种逆境教育，是在任何学校都很难学到的。

人的一生，就是遇到难题、解决难题的一生。从小学到大学，从刚参加工作到走上领导岗位会遇到很多问题，不是所有问题都能很好解答的，也不是都能找到解决方法的。学校的难题难解，人生的难题要解它，难上加难。遇到难题，如果迎难而上，硬着头皮想办法去探究，寻找解题的钥匙，这个难题可能就迎刃而解了，但随后新难题可能又出现了，于是，又想办法去解决，

这种解难题的过程，就是一个增知、增智的过程。

这正如亚里士多德所说："教育在顺境中是装饰品，在逆境中是避难所。"

欣赏一下苏格拉底的其他名言：

男人活着全靠健忘，女人活着全靠牢记。

每个人的身上都有太阳，主要是如何让它发光。

活着不是目的，好好活着才是。

对作家来说写得少是有害的，就如同医生缺乏诊病的机会一样。

再看看苏格拉底教学生增智的故事：

一天，苏格拉底带领几个弟子来到一块长满麦子的田边，对弟子们说："你们去麦田里摘一穗最大的麦穗，只许进，不许退。"

弟子们走进麦田，看看这一株，摇了摇头，看看那一株，又摇了摇头。虽然弟子们也试着摘了几穗，但并不满意，便随手扔掉了。他们总认为最大的麦穗还在前面呢！他们总以为机会还很多。

直到苏格拉底大喝一声："你们已经到头了！"这时，两手空空的弟子们才如梦初醒。苏格拉底说："究竟地里有没有一穗是最大的呢？"

弟子们说："肯定有。"

苏格拉底点了点头，说："是的，但你们未必能碰到它。即使碰到了，也未必能做出准确的判断。那么究竟怎样才能找到最大的一穗？最大的一穗就是你们刚刚扔下的。"

弟子们听了老师的话，若有所悟。

{54 天堂与地狱

> **有理想在的地方，地狱就是天堂；**
> **有希望在的地方，痛苦也成欢乐。**

生活所感·读书所得

这是柏拉图的名句。

柏拉图是苏格拉底的学生，古希腊伟大的哲学家，也是整个西方文化中最伟大的哲学家和思想家之一。

"我不下地狱谁下地狱"，这是地藏菩萨的一句偈语，其实，谁又愿意下地狱呢？虽然没有下过地狱，但人们都知道地狱毕竟是很不好的！

人们都愿意上天堂，虽然谁也没去过天堂，但大家都知道天堂是好的，经常有人说："我像在天堂里过日子。"

柏拉图认为，就算到了地狱，境况很糟糕，你还是可以有理想，你能朝着理想奋斗、努力，这样，地狱也就变成了天堂。

每个人都有痛苦的经历，有痛苦并不是好事；人们都希望快乐，你看，当你过生日的时候，不是都祝福你"生日快乐"吗！人老了，还要老有所乐呢！

将痛苦变成快乐，按柏拉图的说法，就是在痛苦中仍然充

满希望，希望不灭，总有可能"翻盘"。人都是在希望中生活的，总是希望明天比今天更好，痛苦即将过去，快乐就在前面。而且，只要充满希望，还可以苦中作乐呢！

其实，柏拉图也是这样一个人，他的生活中有不少如"地狱"般的痛苦，但他有理想，他总是充满希望，他就像生活在天堂里一样。下面这个关于柏拉图的故事也很有趣：

有一次，朋友送给柏拉图一把很漂亮的椅子。他叫了很多朋友来家中观赏，突然，有一个朋友跳上了那把椅子，在上面踩满了脚印，然后对柏拉图说："我要把我的朋友从骄傲的陷阱中拯救出来！"柏拉图没有动气，一脸欢容，走回房中拿出一个刷子，将所有鞋印擦掉，然后邀请那位朋友坐上去，对他说："我很感激有你这个朋友。所以我要好好善待你，同时亦要将你从嫉妒中拯救出来！"

柏拉图有很多有理想、有希望、给人快乐的名言，不妨欣赏一下：

真理可能在少数人一边。

一个今天胜过两个明天。

良好的开端，等于成功的一半。

思想永远是宇宙的统治者。

国王的祖先都曾是奴隶。

每个恋爱中的人都是诗人。

美国哈佛大学的校训：与柏拉图为友，与亚里士多德为友，更要与真理为友。

{55 习惯与卓越

> **人的行为总是一再重复，因此，
> 卓越不是一时的行为，而是习惯。**

读书所得·生活所感

这是亚里士多德的名言。

亚里士多德是古代先哲，世界古代史上伟大的哲学家、科学家和教育家之一，堪称希腊哲学的集大成者。他是柏拉图的学生，亚历山大的老师。

只要是正常的人，人人都渴望优秀；遍观社会，优秀的人并不多，大多数人还是平平常常、平平淡淡地过一辈子。其实，优秀并不难，因为优秀是相对而言的，相信自己一定能够优秀；只要从一点一滴做起，就能优秀起来；特别是养成优秀的习惯，亚里士多德讲，"卓越是一种习惯"，曾国平讲，"让优秀成为一种习惯"。因为好习惯，才可能优秀，把好事重复地做，养成习惯，就优秀了。

但是，一时、一地、一件事情做得优秀很容易，要时时、处处、事事优秀，可持续优秀却很难，要从优秀走向卓越就更难了！只有一个办法能够做到，那就是"习惯"，好习惯成就优秀，

并走向卓越。

对孩子的教育来讲，好习惯往往比知识更重要。

对成人来讲，好习惯是走向优秀和卓越的法宝。

有人问一位诺贝尔奖得主："您获得如此高的成就，您认为最重要的东西是在哪里学到的？一定是在大学吧？是哪一所大学？是什么样的教育？"

这位诺贝尔奖得主答道："是在幼儿园。"

众人不解，又问："为什么？"

这位诺贝尔奖得主回答："在幼儿园，我学到把自己的东西分一半给小伙伴；不是自己的东西不要拿；东西要放整齐；吃饭前要洗手；要仔细观察大自然。还有好多好多。更重要的是，在幼儿园让我养成了良好的习惯，让我知道了什么事能做，什么事不能做。"

再欣赏一下亚里士多德的其他名言：

求知是人的本性。

幸福属于满足的人们。

没有一个人能全面把握真理。

友谊就是栖于两个身体中的同一灵魂。

{56 教育的美感

生活所感 · 读书所得

我特别喜欢这句话，并在演讲中多次引用这句某教育家的名言。

教育很重要，对人才培养和经济、科技、军事、社会、文明的发展意义重大，我国更是把教育提升到"强国"的根本途径的高度。

但是，怎样搞好教育，怎样让教育更有实效，其实，它比认识教育的重大意义可能更重要。

学生在校学习，是被动式的，只能非常被动地接受教给他们的知识，无论是喜欢还是不喜欢，大多数都是一种方式：强制灌输！于是，学生特别反感老师的"说教"！就是成人了，也很反感一些领导做报告、一些老师进行演讲的说教式教育。看似内容很好，但是很多听众就是坐不下来，听不进去，接受不了。

可以借鉴宗教的一些方法。在我国，宗教信仰是自由的，不提倡，不反对。正规的宗教也是一种教育！它可能没有讲多

少大道理，但是，它能影响信众的心和灵魂。

可以借鉴一些老师的讲课方法，包括一些演讲大师的演讲、一些著名的讲课、讲话、演讲方法。内容当然要充满正能量，要符合主流价值观，这样的演讲，不是为了哗众取宠，不是低级趣味，不是插科打诨，不是一味说教，不是一味指责攻击，不会让人反感，不会让人暗淡；而是有思想，有正能量，有深度，有广度，有高度，有境界，有故事，有案例，有哲理，有国学，有传统文化，有排比句，有修辞，有文采，有金句，有妙语，而且幽默，让人坐得住，听得进去，记得住，能入脑、入心、入魂，不知不觉地、高高兴兴地接受了那么多正能量的教育。

育人无痕，教育本如此啊！

教育大师叶圣陶先生说："教师之为教，不在全盘授予，而在相机诱导。"这个相机诱导，一是"机"要把握得好，有机可相；二是要会"相"，要看得准"机"，才可能抓得住"机"；三是要会诱导，有方式方法，就是前面说的，"没有了教育的痕迹"，但是，效果又很好！

一如诗人泰戈尔说的："天空没有留下翅膀的痕迹，而我已飞过。"

{57 家就是天堂

对于亚当而言，天堂是他的家；
然而对于亚当的后裔而言，家是他们的天堂。

读书所得．生活所感

亚当和夏娃是《圣经》里的人物。据说，耶和华用五天时间创造了天地万物，第六天，用泥土创造了亚当。亚当是世上第一个人和第一个男人，后来耶和华又用亚当的一根肋骨创造了第一个女人——夏娃，并让他们结为夫妻，共同生活在伊甸园。后来夏娃受到蛇的诱惑，偷食了善恶树上的禁果，并让亚当食用。耶和华发现后，对亚当和夏娃进行了惩罚，把二人逐出了伊甸园，二人成为人类的祖先。

亚当原本的家在天堂。而亚当的后裔——人类，便有了一个个在人间的家！

家是什么？家庭是什么？家是以婚姻和血缘为纽带的社会基本单位。

社会流行语："有家的感觉真好！""我想有个家！"

所以，人们要成家立业，即使相隔千里万里都要赶回家过中秋、过年三十儿。

家是什么？家为什么有那么大的吸引力？有人说：

家，是一束温暖的阳光，可以融化心上的冰雪寒霜；

家，是一盏明灯，可以照亮夜行人晚归的路程；

家，是一个温馨的港湾，可以遮挡人生中不可避免的风风雨雨；

家，是一潭清澈的溪水，能够洗涤繁杂的世事回归安静的心灵；

家，是一阵清风，可以拂去烦恼和忧伤；

家，更是那一缕情丝，穿透人生的每一个角落……

按伏尔泰的说法，"家是天堂"！

家，这个天堂，可能并不富裕，也可能不华丽，但是，家，有温情，有亲情，有爱情；有甜蜜，有宁静，有温暖；有欢声，有笑语，有幸福；有尊重，有安慰，有宽容。家，有胜过一切的父爱、母爱！

所以，家这个天堂，是一所充满爱的房子，家是一个放松身心的地方，是一条清澈见底的小溪，是一个疗伤修养的地方，是一个共同营造的去处，是一个无比温馨的港湾。

家、家庭是最重要的财富，家庭是共同创造财富的社会基本单位；家庭是储藏财富的社会基本单位；家庭本身就是财富。最亲的人在家里，最爱的人在家里，最幸福的时光在家里，最基本的生活在家里。家，给人归属感，给人安全感。看看看，家不就是天堂吗？

潘美辰唱得好："我想有个家！"

我们还要说：家是最小国，国是千万家。要像经营事业一样经营家庭，要像经营家庭一样经营事业！

"家，就是人类的天堂"，伏尔泰说得真好啊！

伏尔泰，18世纪法国启蒙思想家、文学家、哲学家。有人说他是18世纪法国资产阶级启蒙运动的泰斗，被誉为"法兰西思想之王""法兰西最优秀的诗人""欧洲的良心"。

萧伯纳也说："世界上最不平凡的美，是家里的美。"

再欣赏一下伏尔泰的其他名言：

最长的莫过于时间，因为它永远无穷尽；最短的也莫过于时间，因为我们所有的计划都来不及完成。

雪崩时，没有一片雪花觉得自己有责任。

小人自大，小水声响。

尊重不一定是接受。

坚持意志，伟大的事业需要始终不渝的精神。

使人疲惫的不是远方的高山，而是鞋里的一粒沙子。

{58 财富与朋友

财富并非永久的朋友，朋友却是永久的财富。

生活所感 · 读书所得

这是列夫·托尔斯泰的名言。

列夫·托尔斯泰是 19 世纪中期俄国批判现实主义作家、思想家、哲学家，代表作有《战争与和平》《安娜·卡列尼娜》《复活》等。

世人都想得到财富，得到许多财富，都想与财富成为好朋友，与之相伴终身。但是，列夫·托尔斯泰却明确地告诫人们："财富并非永久的朋友！"

在演讲中我多次提道："财富没有永恒的主人。"今天有钱的人，明天不一定有钱；今生有钱的人，他们的儿孙后代不一定也有钱。你看什么吴家大院、乔家大院，他们的后代还住在这些大院里面吗？早就多次变换主人了，正所谓"万里长城今犹在，不见当年秦始皇"。

但是，一个人有一些朋友，有一些知心朋友，有一些真正靠得住的朋友，那可就是非常好的事了，因为，他们才是你永久的财富！这种财富，不是可以用金钱来交换和衡量的，它是友谊，是纯真的友情，甚至是"志同道合""知心知魂""两肋插刀""过命的交情""可以彼此为对方做一切办得到的事"，这样的朋友当然是财富，甚至是永久的财富！

正如罗曼·罗兰在《约翰·克利斯朵夫》中所说："有了朋友，生命才显出它全部的价值；一个人活着是为了朋友；保持自己生命的完整，不受时间侵蚀，也是为了朋友。"

泰戈尔在《飞鸟集》中也说了："大地啊，我到你岸上时是一个陌生人，住在你屋内时是一个宾客，离开你的门时是一个朋友。"

中国的古话也说得好："一个好汉三个帮。"

再欣赏一下列夫·托尔斯泰的其他名言：

如果一切皆善，就一切皆美。

想改变别人的多，想改变自己的人少。

没有单纯、善良和真实，就没有伟大。

所有幸福的家庭都一样，而每个不幸的家庭各有各的不幸。

随着年岁的增长，我的生命越来越精神化了。

人的肉体力不从心，精神却无限自由。

{59 黑夜与白昼

黑夜无论怎样悠长，白昼总会到来。

生活所感·读书所得

这是莎士比亚的名句。

莎士比亚，华人社会常尊称他为"莎翁"。他是英国文学史上最杰出的戏剧家，也是欧洲文艺复兴时期最重要、最伟大的作家之一，是当时人文主义文学的集大成者，以及全世界最卓越的文学家之一。

这是一句阳光心态、让人充满希望的美言。

在中国，甚至全世界，文人墨客写到漫漫长夜时，多是伤感的语句。比如：

漫漫长夜天，孤枕煞难眠。

夜长愁反复，怀抱不能裁。

欢娱嫌夜短，愁闷恨更长。

辛弃疾有"长夜笛，莫吹裂"的名句。

陈著有"世变无情风挟。长夜漫漫，何日开晴午"的名句。

文天祥有"风雪重门老楚囚，梦回长夜意悠悠"的名句。

刘辰翁则有"泣孤舟、长夜寂寥"的名句。

尤其是心态不好时、遇到不高兴的事或伤心的事时，一个晚上都睡不着，辗转反侧，此时，觉得时间特别长，特别难熬，备感夜太长了。

人生如夜，身处逆境，遇到困难，处于人生低谷，如同进入漫漫长夜，不知道希望在哪里，不知道白昼何时来。

有的人就绝望了，很多人满怀信心，更多的人是充满希望。

如莎翁所言，"白昼总会到来"，太阳总会升起，希望不能破灭，曙光就在前头！

再欣赏一下莎翁的其他名言：

魔鬼也会引用《圣经》为自己辩解。

春景不自留，莫怪春风恶。

母爱胜于万爱。

别在黑暗中落泪。

书籍是人类知识的总结。

爱情的野心使人倍受痛苦。

{60 利害与成败

> **欲思其利，必虑其害；欲思其成，必虑其败。**

生活所感 · 读书所得

这是诸葛亮的名言。

诸葛亮，三国时期蜀汉丞相，杰出的政治家、军事家、外交家、文学家、书法家、发明家。

诸葛亮在中国是一个家喻户晓的人物，是智慧的化身。

诸葛亮的这段话，也是充满大智慧的，就是要我们从反面去考虑问题。

意思是说：做任何事情，特别是做重大的决策，想要得到某件事的好处，就必须先考虑到它的坏处，有什么不利之处，有什么害处，有什么风险甚至是危机；不能只想到这件事情的好处，而且要有风险危机的意识和预案，在实施的过程中，一旦出现问题，遇到风险，就不至于惊慌失措，处于被动。从而能够提前预测、预备、预防，即使有损失也能将其降到最低。

想要考虑某件事情的成功，必须先考虑它的失败。从军事上讲，叫"未曾行兵，先想好退路"。只想到成功，对失败没有心理准备，没有物质和精神上的准备，一旦失败，损失就太大，甚至无法挽回。

诸葛亮的这种思维，反映出任何事情都有两面性，有好处必然会有坏处，有成功的可能性必然会有失败的可能性。必须考虑周全，多看几步棋，多几手准备，方能立于不败之地。

再欣赏一下诸葛亮的其他名句：

鞠躬尽瘁，死而后已。

静以修身，俭以养德。

非淡泊无以明志，非宁静无以致远。

苟全性命于乱世，不求闻达于诸侯。

夫学须静也，才须学也。

{61 太阳与阴影

把脸一直向着太阳，这样就不会见到阴影。

生活所感·读书所得

每次拍照，都要看一下是逆光还是顺光。

所谓逆光，就是被摄者处于光源与照相机之间，光从被摄者背面照射过来。

如果照相时被摄者背对着太阳，这样照出来的照片，人的脸部是黑暗的，人的鼻子眼睛是看不清楚的，就有些遗憾了。

如果照相时采用顺光，就是亮光或者是太阳正面照着被摄者，虽然太阳光有些刺眼，但这样照出来的照片，面部清晰，煞是好看。

太阳正面照着被摄者照相，虽然太阳光耀眼，但是，看不到阴影。

其实，一个人不仅是在照相的时候要面对太阳，就是日常的工作、生活和学习中，也可以在有条件的情况下面对太阳。

一是它可以让太阳光照射在你的身上，甚至可以照射到你的心里、灵魂里，当身心都沐浴在阳光里时，你就是暖洋洋的。

二是让阳光照射身心，医学上说可以补钙，有利于身体健康。

三是让自己的心情好一些，有一个阳光心态。心中有太阳，才会有日出。

如果背对着太阳，人就见不到阳光，眼之所见离自己最近的都是阴影，甚至可能是黑暗，对身心都有负面影响。

这个社会，会有阴暗面，会有不少阴影。

每个人，自身也会有一些不足之处，为什么我们不能多看看这个社会的光明面呢？为什么不多看看别人的优点呢？为什么不多看看自己的优点呢？

我喜欢网络上一位无名作者的一段文字：

"向日葵之所以幸福，是因为它时刻都微笑着面对阳光，用心收集阳光，抛去一切杂念，不计较，不比较，努力生长，活得单纯而美好！

"向日葵虽小，但是，它一直面向太阳，心向太阳，不停地吸收着太阳的能量，带着太阳的爱，展示着它太阳一样的身姿，人们羡慕地称它为'太阳花'。"

{62 快乐不单纯

> **人间不会有单纯的快乐，**
> **快乐总夹杂着烦恼和忧虑。**

生活所感·读书所得

杨绛先生是当代作家。这是杨绛在 2003 年她 92 岁时创作的散文集中的一段话。

1997 年、1998 年，杨绛的女儿钱瑗和她的丈夫钱锺书先后逝世。原本快乐幸福的家庭就这样没有了。到 2003 年，92 岁高龄的杨绛晚年之情景让她以简洁而沉重的语言，创作了《我们仨》，回忆了先后离她而去的女儿钱瑗、丈夫钱锺书，以及一家三口那些快乐而艰难、爱与痛的日子。这本书讲述了一个单纯温馨的家庭 63 年平淡无奇、相守相助、相聚相失的经历，以及他们这个家庭 63 年的点点滴滴。而杨绛这一句"人间不会有单纯的快乐，快乐总夹杂着烦恼和忧虑"，也是她的一生和她的家庭的真实写照。

到 2016 年，《我们仨》这本书的销量已经超过 100 万册，而杨绛先生将所得的稿费全部捐出。

如果人生有单纯的快乐的话，那可能是在婴幼儿时期，那时，人无忧无虑，人也单纯，笑也单纯，哭也单纯，吃也单纯，睡也单纯。想笑就笑，想哭就哭。

从读书开始就不单纯了，"人生识字忧患始"，特别是现代的孩童，早熟，各种补习班压得他们喘不过气来。可有一分天真、一点点单纯吗？

越长大越孤独，尤其是成年人，快乐越来越少了，单纯也离他们越来越远了！就算有许多快乐的事，也与烦恼和忧虑混在一起，有时都让人分不清。心态好的人，多多地调节自己，在读书中驱逐烦恼和忧虑，如三毛，更如杨绛先生。在杨绛的女儿和先生逝世后 20 年左右的时间里，她坚强地活着，甚至是愉快地活着，在她读书的时光里，在她写作的时光里，她的愉快战胜了烦恼和忧虑。

正如杨绛的先生钱锺书所说，杨绛是"最贤的妻，最才的女""绝无仅有地结合了各不相容的三者：妻子、情人、朋友"。

世人称杨绛为"中国最后一位女先生""才女中的才女"。

再欣赏一下杨绛的妙语：

人生最曼妙的风景，竟是内心的淡定与从容。

所谓自觉自愿是被逼出来的，逼出来的是自觉自愿吗？

{63 幸福不集中

上苍不会让所有幸福都集中到某个人身上。

生活所感·读书所得

杨绛对这段话的解读是："得到爱情，未必得到金钱；拥有金钱，未必拥有快乐；得到快乐，未必拥有健康；拥有健康，未必一切都如愿以偿。"

杨绛这段话很有哲理性，也是她家庭的真实情况。

他们是多么幸福而且几近完美的一家人，大作家夫妇，大名人夫妻，大才子伉俪，女儿也很有才华，大学教授、博士生导师。这是让多少人羡慕的家庭哟。

但是，她的女儿偏偏在只有 60 岁就因病先他们夫妇而去，她心爱的丈夫又先她 18 年而去。

有人说："上帝是公平的，它给你某样东西的时候，可能会让你失去另外的一些东西；就算给了你你最喜欢的东西，也不会让你把你最喜欢的东西全部得到。当你很得意而趾高气扬时，可能马上给你点苦头尝尝，让你的头脑清醒清醒；当你感到完全绝望的时候，可能给你点好处，让你觉得'天无绝人之路'，让你看到一些希望，又继续努力前行。"

　　其实，很多人知道没有上帝，也没有什么命运的安排；包括杨绛在内，也知道没有什么"上苍"，只不过，这是许多人对自己的一种心理暗示，让自己不要苛求太多，不要过分贪婪；让自己不要太过灰心失望，失去信心。不要怨天尤人，不要埋怨指责。自己寻找一个心理平衡点，进行必要的自我调节。完美"只是一个永远达不到而又无限努力趋近的既现实又虚幻的目标"。

　　完美完美，只有完了才是真正的美！

　　有一点幸福，有一些幸福，就知足吧！

《变色龙》　曾星玥（2019 年）

{64 向着光亮走

生活所感 · 读书所得

不少人喜欢"80后"青年作家刘同的《向着光亮那方》那本书。

"小兮美文社"有这样的读后感：

"书中有关于刘同自己的 17 个故事，这些故事都是刘同成长过程中遇到的喜与忧、苦与难，回头来看，这些都是照亮他人生的盏盏明灯。当读到这些故事时，你会发现原来自己也有似曾相识的经历，如果你还没有这样的体会，不妨若干年后回头来看这本书。书里没有皆大欢喜的药方，只有隐约可见的启示。"

其实，我特别喜欢《向着光亮那方》这本书的书名，这与我们前面谈到的照相时"面朝着太阳光，你就不会看到阴影""照相时采用顺光，面部就不会黑"的道理是一样的。

为什么要向着光亮那方？因为我们都喜欢光亮而不喜欢黑暗；因为光亮那方可能前途更加光明；因为朝着光亮的地方走去，越走越亮堂；因为朝着光亮的那方，也表明我们自身的光亮！

可能长时间都没有见到光亮，可能我们还处在黑暗中，但是，正因为我们身处黑暗，才发现了那方有光亮。可能要感谢一下这黑暗，而不是一直抱怨这黑暗，要知道，无论我们怎样抱怨黑暗，它始终还是黑暗，而且，黑暗绝不会因为我们的抱怨而变成了光亮。

与其坐而论道，抱怨牢骚，不如行动起来，做点实事；与其"抱怨黑暗，不如提灯前行"。我想，这也正是这位青年作家写《向着光亮那方》这本书的出发点之一吧！

《光亮》　曾星玥（2019 年）

{65 回忆与继续

> **生活，一半是回忆，一半是继续。**

生活所感·读书所得

人老了，往往爱回忆过去；人老了，可能健忘，现实的很多事记不住，以前的很多事却记得很清楚，甚至细节都记得很清楚。

遇到影响深刻的事件、快乐的事情、刻骨铭心地爱过的人、过命之交，它们会在人的大脑沟回镌刻下深刻的烙印，甚至在灵魂深处留下不可磨灭的印象，时不时甚至经常回忆起来、念叨出来。

当年，鲁迅《祝福》笔下的祥林嫂，逢人便说的一句话是："我真傻，真的。"然后就讲阿毛，每次讲的内容都完全一样。其实，这时的祥林嫂既是可能"老了"的表现，又是丧子之痛使其精神几乎失常了。

回忆过去是必需的，"忘记过去就意味着背叛"，但不能一味地陷入对过去的回忆！

一次到云南抚仙湖深度旅游，我大学时尊敬的同学老大哥在闲聊时对我说："不要总是回忆过去，那是心理上老了的表现。"听后，我深以为然。

回忆过去只是生活的一小部分，还要活在当下，珍惜眼前，不负韶光，展望未来。

《金刚经》有三句话："过去心不可得，现在心不可得，未来心不可得，要把握当下。"

《金刚经》认为：已经过去的东西，一切都不可得，不可能回来了。

历史有惊人的相似之处，但过去就过去了，谁也不能回到过去改变历史。我们过去有很开心的时候，我们曾经年轻漂亮、风光无限、大权在握、富贵时，屋前门庭若市、车水马龙，有过许多朋友，但是，那些都已经过去，不再有了，都不可得了，"阿毛也早就死了"。如果总是想着过去的人和事，这个人可能就在倒退，可能就真的"老了"！

"昨日像那东流水，离我远去不可留"。不如两眼向前看，"明朝清风四漂流"。沉浸过去愁更愁，人生还得继续走。"知多知少难知足"，"温柔同眠"在前头！

{66 低头与发力

低头不一定全是软弱，
有时是发力前的预备姿势。

生活所感·读书所得

古语说："人在屋檐下，哪有不低头。"

很多情况下，"低头"表示的是一种谦让、退让、忍让，甚至也可能是软弱。

在许多情况下，一个人不可能一直、一生都不低头。

我第二次到中央电视台《百家讲坛》栏目做"智商与情商"的演讲时，曾经讲过这样一个故事：

一个学电脑设计的大学毕业生张小伟，应聘到一家电脑设计公司工作，他很高兴专业对口，而且可以施展本领。

但是，到了公司的第一天，主管让他接替另一位员工刘大伟的工作：打扫电脑设计室，他傻眼了，不能搞电脑设计，失望之余，他决心好好打扫卫生，总有一天，会像刘大伟一样被新员工接替的。

第二天打扫卫生，他干得很卖劲。但主管批评他了："张小伟，你这样打扫卫生是不行的。刘大伟，你过去示范一下。"

只见刘大伟双膝跪在地上，很自如地擦地板。主管对张小伟说："张小伟，你看好了，要这样擦地板。"

张小伟对主管说："一定要跪着擦吗？只要我能擦干净，不论用什么方法都应该是可以的！"

主管说："你可以不跪着擦，那你就走人！"

张小伟很委屈，真想一走了之。但是他一看周围的电脑，他忍住了，他太爱这些电脑和电脑设计了。他只有答应主管，跪着擦地板。

一段时间后，主管看他干得不错，就没有再说他什么了。

张小伟发现有一个年轻的女员工小王，人也漂亮，电脑设计得很好，他就有意识地擦地板到那个小王的旁边，偷偷地看她进行电脑设计，那个小王也有意无意地教他。

下班后，其他员工都走了，张小伟便把白天从小王那里学到的设计技术复习一遍，一段时间后，他能够进行一些电脑设计了。

| 139

有一天下班后，他又悄悄在电脑上进行设计训练，正在这时，他发现身后有一个黑影，转过身一看，是主管。主管对他说："张小伟，我没有让你在电脑上做清洁。回去写一份检查，明天上班后交给我。"

张小伟回到宿舍，想起到公司来受到的挫折和委屈，含着眼泪写下了检查。

第二天一上班，张小伟将检查书交给了主管。主管基本上没有看他写的检查，却对他说："张小伟，公司决定让你提前

进行电脑设计。"

面对张小伟一脸茫然惊愕的样子，主管说："第一天让你擦地板，你没有不服从，说明能够服从安排；让你跪着擦地板，你是第一个敢顶撞我的人，主要是你说了'一定要跪着擦吗？只要我能擦干净，不论用什么方法都应该是可以的'，这说明你有创新、创造的潜质，这正是我们电脑设计所必需的；你利用擦地板的空闲时间悄悄地向小王学电脑设计技术，说明你有上进心；你利用下班的时间把偷偷学到的东西进行练习，说明你会想办法；这些都没有什么错，但是要让你写检查，你还是把检查写了，这说明你能够受委屈。这就是让你提前结束打扫卫生搞设计的理由。好吧，张小伟，好好地跟着小王学设计，她的设计很优秀！"

后来，张小伟成了一名优秀的电脑设计师；再后来，他与那位教他做设计的小王恋爱了；更后来，张小伟成了主管。

张小伟在他的日记中写道：人的一生，不可能不低头，不可能不下跪，但是，跪下的绝不是精神，而是锻炼为了今后不向困难低头、不向危机下跪而勇往直前的毅力！

{67 美梦与追梦

青春的梦是美丽的，
但最美的可能是与你一起追梦的人。

生活所感 · 读书所得

每个人幼小时，都有很多梦想；青年时，则有更多的梦想。

有人说，一个连梦都没有的民族，是没有希望的民族！同样，青少年人，也应该有梦想。

青春的梦都是美丽的。对学习、对生活、对工作、对恋爱、对家庭，青春的梦绚丽多姿，诱人得很！

应该有青春梦！

青少年更应该知道如何去追梦，把美丽的梦想变成现实。

不是每一个青春的梦都能实现。

当你所编织的青春美梦实现了，就再编织一个更美丽的青春梦。

当你的青春梦破灭了，继续编织一个青春梦，再去努力实现。

人的一生，就是一个不断编织美丽的梦、去实现梦、再编织新的梦、再去实现梦想的过程。

与你一起编织青春梦的人是会有的。

但是，与你志同道合、同甘共苦、坚持不懈地去追梦的人，更难能可贵。

有一位能够坚持到底与你一起追梦的人，就更是心灵和行为上的美了，可能比青春梦本身都更加美！

因为，编织青春梦可能只是一瞬间、一刹那，但是，要追梦，实现青春梦，可能时间更长，难度更大，风险更高，很多青春梦是实现不了的。

就算实现了美丽的青春梦，可能要付出的代价很大，以及为了追逐青春梦付出很大的代价后，结果却一事无成！

比如时下的创业，不就是这样的吗？

与你追梦的人，有你的同学、你的同事、你的战友、你的领导、你的部下、你的家人，特别是你的恋人、丈夫（或妻子）。

无论青春梦实现与否，与你一起追梦的人，应该是最美的人，他们美在精神上，美在行动上，美在灵魂深处！

{68 冬天与春天

> 如果没有冬天，春天不会如此悦人。

生活所感·读书所得

古往今来，人们几乎都不太喜欢冬天，而特别喜欢春天。

用在冬天的词语，大都是贬义：严寒的冬天，寒冷的冬天；冰天雪地、滴水成冰、天寒地冻、寒冬腊月、寒风刺骨、天凝地闭、万木凋零、隆冬酷寒。战退玉龙三百万，败鳞残甲满天飞。

唐代孟郊的《苦寒吟》尤为代表：天寒色青苍，北风叫枯桑。厚冰无裂文，短日有冷光。

农村也有"老牛怕过冬，老人怕寒风"之说。

因为冬天，没有了生气，没有了活力，许多生命都"冬眠"了。

而对春天的赞美，几乎用尽了所有美好的词语："一年之计在于春，一日之计在于晨""十月刺骨寒风吹，一行大雁往南飞。跋山涉水千山过，来年春天还复回"。

法国的纪德曾说过：春天的意志和暖流正在逐渐地驱走寒冬。

英国的雪莱在《西风颂》中说：如果冬天来了，春天还会

远吗？

但是，人们可能看到了，正是由于严冬酷寒，寒风刺骨，人们才特别"盼春归"，才盼望"春回大地万物复苏"。

当春天真正来临时，才感到春天的可贵、春天的怡人、春天的悦人。

不经一番寒彻骨，那（通"哪"）得梅花扑鼻香？

如果没有不幸，幸运不会如此受人欢迎！

没有经历过苦难，哪里懂得珍惜现在的幸福！

没有披荆斩棘的痛，哪有刻骨铭心的爱！

没有刻骨铭心的爱，哪来刻骨铭心的恨！

不经历风雨，怎么能见彩虹！

{69 一天与一生

也许你度过了很糟糕的一天,
但这并不代表你会因此度过糟糕的一生。

生活所感 · 读书所得

时常听人说这样的话:

我今天心情糟糕透了;

我今天怎么这样倒霉;

我今天简直霉起"冬瓜灰"了;

今天,怎么什么破事都集中到一块儿了!

怎么这么多的糗事都让我今天碰上了?

于是,有的人那一天的心情都不好,有的人接着好几天心情都不好,有的人甚至认为自己从此就一直是"走霉运",有的人可能一蹶不振,心理上一直都有阴影,挥之不去!可能会产生一种负面的心理暗示:"我太糟糕了!""这是不是我从此糟糕的开端呢?""我会不会一直都这样糟糕下去?"

如果糟糕的事真的都集中到一起了,糗事凑一块儿了,也不要惊慌失措,不能乱了方寸与心智,从而做出一些傻事来。

调整心态是第一要务!

今天集中出现这么多糟糕的事，可能"利空出尽是利多"，自我安慰很有必要！

一天都很糟糕，并不代表我这一生都糟糕，说不定明天开始就会好起来；我一生的时间还长得很，怕什么！

我要想办法变坏事为好事，争取把负面的损失降到最低。

我要仔细想一下、找一下原因，是什么状况让我一天遇到了这么多、这样大的糟糕事，以防下次再重复出现。

我要为明天的好运认真、仔细地策划一下，现在就开始努力！

是的，心态决定状态，状态反映心态！用好心态应对糟糕事，这样，糟糕也就不是什么事了！

{70   难得有糊涂

聪明难，糊涂尤难，由聪明转入糊涂更难。

生活所感·读书所得

世人都想聪明，因为聪明是智慧的同义语，是智商高的代名词。

开发智商能够使孩子、使学生、使成年人聪明起来。

伟人毛泽东主席说了："错误和挫折教训了我们，使我们聪明起来了。"

但是，要成为一个智商高的人、一个聪明的人，是很难的。

有资料显示，韦氏智商等级分布中，IQ 在 130 分以上的极超常的人只占 2.2%；IQ 在 120~129 分的超常的人只占 6.7%；IQ 在 110~119 分的高于平常的人占 16.1%；IQ 在 90~100 分的正常水平的人占 50%；IQ 低于 90 分的中等及以下的人占 25%！

不少人认为，糊涂不好。不是有人说，这人糊里糊涂的，那人稀里糊涂的！糊涂，一般用来形容人脑子不灵活，犯傻，不明是非，等等。

清乾隆十六年（1751 年），扬州八怪之一的大文人郑板桥

受莒州知州之邀游历莒州。行至莒北碁山西山旺时，得到当地王员外的款待，王员外久闻板桥大名，并渴望得到其墨宝，就用当地名吃"糊涂菜"招待郑板桥。

"糊涂菜"就是先用面浆把鸡、鱼、肉等包裹起来，小火慢慢油炸，炸至表面金黄。

郑板桥品尝"糊涂菜"后，赞不绝口，就问王员外这些菜的名字，王员外答："我们当地叫'糊涂菜'。"

王员外见郑板桥正在兴头上，就请郑板桥题字。郑板桥早察其意，欣然提笔写下四个大字："难得糊涂"。可能，郑板桥的本意是难得这一道名为"糊涂"的菜。从此，"难得糊涂"便流传开来，成了传世名言。当然，这也是郑板桥的为官之道。后人感慨这"难得糊涂"四个字中蕴含的哲理，不少人便以横幅的形式挂于家中，作为自己为人处世的格言。

但很多人认为，"大事讲原则，必须清醒明白；小事装糊涂"，这样为人处世，特别是为官做人，可能更好。

这里的糊涂，可能并不是真正的智商低的那种糊涂，而是由聪明转入的糊涂，可能是一种大智若愚式的糊涂。

有人认为，一个人如果把每件事都弄清楚，都弄明白，既不可能，也没有必要，而且还累己、累人、累身、累心。

特别是夫妻二人，今天晚上说"你给我讲清楚"，明天早上可能就要走人了。夫妻间的相处，糊涂为上！

"留一半清醒留一半醉，至少梦里有你追随""岁月不知人间多少的忧伤，何不潇洒走一回"。同样，一半清醒，一半糊涂，人生可能更潇洒！

有学者认为："糊涂是一种聪明的升华；是不动声色的涵养；是一种超凡脱俗的气度；是一种与世无争的境界；是一种拿得起放得下的洒脱；是一种谦让豁达的胸怀，不较真、不偏执，不钻牛角尖，大事清楚，小事糊涂。看淡名利得失，多一分淡定和从容，就少一分烦恼；多一分包容和理解，就多一分幸福。"

难得糊涂，是一种经历，只有饱经风霜、人生坎坷的人，才能领悟其中的真谛，才能参透人生，才可能从聪明转入糊涂！

活得糊涂的人，其实他可能是清醒的，是聪明的！

我们提倡，小事装糊涂，大事不含糊。

有人这样讲：老子发现了糊涂，取名无为；庄子发现了糊涂，取名逍遥；孔子发现了糊涂，取名中庸；墨子发现了糊涂，取名非攻；如来发现了糊涂，取名忘我。

据说，当年郑板桥在写了"难得糊涂"四个字后，又在其字幅下题了一行款跋："聪明难，糊涂尤难，由聪明转入糊涂更难。放一著，退一步，当下心安，非图后来福报也。"

也可以说，这行款跋，是郑板桥对"难得糊涂"的解释，也是对他自己处世哲学的解释。

{71 舒服与养生

> **自我感觉舒服、和舒服的人在一起，**
> **是最好的养生。**

生活所感·读书所得

追求长寿，是一个永恒的话题！最想长寿的人是那些帝王，那些超级大富豪。

古人说，"上寿百二十年，中寿百岁，下寿八十"。但是由于古代医疗科技手段落后，古人很少有能活到上寿和中寿的，就是达到下寿的人也不多，而皇帝中能够活到下寿的更是少之又少，据说只有五位帝王达到了这个寿命，其中又以乾隆皇帝年寿最高，这也和他极善养生有关。

除了基因问题和非自然死亡因素以外，养生就成了一个人长寿的重要因素。

养生，最开始是道家通过各种方法颐养生命、增强体质、预防疾病，从而达到延年益寿目的的一种医事活动。

养，即调养、保养、补养之意；生，即生命、生存、生长之意。现代意义的"养生"，指的是根据人的生命活动规律，主动进行物质与精神的身心养护活动。

实质上，养生主要是保养五脏，使生命得以延长的意思。

养生学是一门涉及诸多学科的综合学科，它包括中医学、康复学、营养学、美学、心理学、国学、物理学、化学、艺术、烹饪、运动学、道学等。

大家都知道要养生，但是，如何养生？古代流传下来的养生方法有很多，今天还有《养生堂》向大家介绍更多养生方法。

乾隆皇帝是古代帝王活得最长的，享年 88 岁。

乾隆的养生之道共有 16 个字，即"吐纳肺腑，活动筋骨，适时增补，十常四勿"。

吐纳肺腑是指不睡懒觉，黎明早起，饭前吐纳。

十常是指齿常叩，津常咽，耳常弹，鼻常揉，眼常运，面常擦，足常摩，腹常旋，肢常伸，肛常提。

四勿是指食勿言，卧勿语，饮勿醉，色勿迷；活动筋骨就是指经常参加体育锻炼。

我倒是很喜欢这一句话："自我感觉舒服、和舒服的人在一起，是最好的养生！"

"舒服"两个字，太好了！它是指身心安恬称意；生命的自然状态及心理上的需求，得到满足以后的感觉。

首先，自己要让自己感到舒服。

饮食起居、生活习惯、学习工作、锻炼运动、与人相处等，都要感到舒服。其实，一切可行的养生方法，都应该是让自己身心愉悦，感到舒服。

就是一些运动锻炼，过度锻炼的、玩极限的，喜欢暴走暴

跳的，有几个人是长寿的？许多人身体都落下了一身的伤病！

最重要的是，要让别人感到舒服，这既是养生之大道，也是为人处世之要道！

有人说，"让别人舒服的程度，决定你的人生高度""让别人舒服，其实也是善待自己""真正高情商的人，善于既取悦自己又让别人舒服"。

与人和谐相处，让自己成为受欢迎的人，多舒服！

事业能否成功，在很大程度上取决于你的言行举止是否让周围人舒服。

婚姻是否幸福也取决于彼此让对方舒服的程度。

在子女教育问题上，能够准确感受对方的心理，并采用恰当的方法引导，让子女和父母都感到舒服，这样的父母才是最成功的父母。

让人舒服，才是处世哲学的最高境界，是顶级的人格魅力，是最好的养生方法。

让自己、让别人舒服，是植根于骨子里、灵魂深处的温度和善良。

艰难与修心

越到艰难处，越是修心时。

生活所感·读书所得

民间流行着这样一句话："跟王阳明学修心，跟曾国藩学修身，跟南怀瑾学修行。"什么是修心？净化心灵，修养心性。怎样修心？流传很广的俗语是"三不"：不生气、不计较、不抱怨。

古往今来，修心的人很多，修心的大家也不少，但是，王阳明应该是最杰出的一位。王阳明是明代著名思想家、哲学家，在学术思想方面继承宋代大儒陆九渊，以自己的体悟加以完善，形成了独具一格的"心学"体系。王阳明的思想一出世，便产生了巨大的反响，为当时萎靡消沉的社会灌输了生机与活力。曾国藩曾评价他说："王阳明矫正旧风气，开出新风气，功不在禹下。"时至今日，王阳明的"心学"，被许多人奉为修心经典。

在王阳明的《传习录》中，讲了修心的一些方法：

欲修身，先养心；不慌不乱，不焦躁；心狭为祸之根，心旷为福之门；回归简单；做人要诚；无私心就是道；至诚胜至巧；志不立，天下无可成之事；一念抱持，成圣之要；应好是而恶非；君子如玉亦如铁；养一身浩然正气；去做才是孝；孝不孝代表

153

人格；不孝无良知；心至诚才能行至孝；身外物不奢恋；克己才是真功夫；荣辱毁誉皆泰然；把世间当修行的道场；少一些机心，少一些痛苦；心是快乐的根；要活得轻快洒脱；慎思之，笃行之；不做就是不知；路，尽管去走；天理即是仁心；求道须深下去；耐住寂寞，久久为功；自省才能自明；静时存养，动时省察；反观自身，自我提升；嘴巴闭关，身体力行；世间磨难，皆是砥砺；最怕是"傲"字；格物致知，灭除轻傲；只求力所能及；不动心，不烦恼；按心兵不动，如止水从容；参破生死，尽性知命。

王阳明特别强调通过"艰难"来修心。民间说的"十磨九难为好人""身处逆境而奋起"，也是这个意思。

王阳明 24 岁时，在会试中再度名落孙山。有人在发榜现场未见到自己的名字就号啕大哭，王阳明却无动于衷。大家以为他是伤心过度，于是都来安慰他。王阳明脸上掠过一丝沧桑的笑，说："你们都以落第为耻，我却以落第动心为耻。"

人的一生中会遇到很多的艰难困苦，关于金钱的、事业的、家庭的、爱情的、伤病的、学习的、考试的、失败的、起起落落的等，这恰恰是最好的修心时机，它恰恰能磨炼人的意志和心性，要么慌乱悲戚，一蹶不振，从此沉沦，要么泰然处之，从头再来，更加努力。越是在这个时候，越能体现人的心性修养。

如何才能拥有这种自觉和修养呢？王阳明有一句话说道：人须在事上磨，方能立得住；方能静亦定，动亦定。艰难困苦，正是对心性的最好磨砺。其实，王阳明的一生，也是在艰难中修心的一生，他给世人做出了榜样！

{73 因果也随缘

圣人注重因，凡人注重果；
努力经营因，坦然接受果。

生活所感·读书所得

原因和结果是揭示事物的前后相继、彼此制约的关系范畴。它们的关系是种什么因，结什么果。

毛泽东在《反对本本主义》中说："因为他们有丰富的经验，不但懂得现状，而且明白因果。"

因果，也是佛法的基本定律，主张今生的善恶业，可以引申为来世的善恶果报反作用到自身。佛学很强调因果报应。

圣人、伟人、明白事理的人，是害怕"因"的——"畏因"，因为这样的因，就可能产生相应的果。为什么有这样的结果，它一定是有什么原因的。一因一果，多因一果。我在做"追求卓越领导力"的演讲时，讲到了"领导三件宝：问题、原因、对策好"。一旦出现了什么问题，就去找原因，找诸多原因，找根本原因，然后，再根据这些问题和原因想出解决问题的办法。

而一般的凡人、庸人，看到这样的结果，不去找造成这种

好结果的原因、造成这种糟糕结果的原因，从而导致，有了好结果后，下一次不一定再有好结果；有了糟糕的结果后，可能再有糟糕的结果，甚至更糟糕的结果！

所以，圣人伟人也好，凡人庸人也罢，应该好好地经营因。在经营因的同时，要想到这个因、这样的因、这一些因，可能有什么样的果，从而尽量把因考虑周全一些，并且把可能出现的不理想的果，甚至是可能出现的恶果，做一些预测、预防、预备、预案。即使出现了一些不好的果，也不至于惊慌失措。一旦出现了一些意想不到的不理想的果，怎么办？坦然面对，想办法把恶果的损失降到最低，这就是所谓的"经营因"！

《家》　曾星玥（2019 年）

{74 愉快与笑容

是因为愉快才笑，还是因为笑才愉快？
不一定每天都愉快，但可以每天都笑。

生活所感·读书所得

一般说来，笑都是愉快的情绪反应，除了以下特殊的情况，如苦笑、皮笑肉不笑、奸笑，等等。一般说来，心情好的人会有笑脸、笑容，除了特殊情况，比如，这人喜怒不形于色，这人太过于沉稳，这么高兴的事，居然一点笑容都没有。

愉快才笑，笑才愉快，在大多数情况下，两者是相互作用的。而大多数人每天都是平平常常、平平淡淡地过日子，生活并没有那么多的大喜大悲，也没有那么多的愉快，但是，每天是可以微笑甚至是大笑的。一方面，快乐是自找的，找个由头乐和乐和，这是完全可以办到的；另一方面，让自己对什么事都感兴趣，让自己的笑点降低，遇到好笑不好笑的人和事，不妨笑上一笑，这是完全可以修炼的。

愉快的心情是阳光心态的内化，面带笑容是阳光心态的外化。这个社会，谁都喜欢带笑脸的人。俗话说得好，"雷公不打笑脸人"，也就是说，再厉害的人也不会为难或责打笑脸相迎的人。

除了遇到特别高兴、愉快的事要开怀大笑以外，大多数情况

157

下，以微笑为好。有学者总结了微笑的十大好处，我觉得很在理：

第一，微笑可以提升一个人的自信心，使其做任何事情都信心十足。

第二，微笑可以使一个人感到放松与快乐，经常微笑可以提升主观幸福感。

第三，微笑可以使别人感到温暖，给人以真诚感，有可信度，有利于人际关系和谐。

第四，微笑可以增强免疫力，经常微笑的人，内心是愉快、快乐、健康的，从而减少生病的可能性。

第五，微笑可以帮助人缓解疲劳，从而拥有良好的心态。

第六，微笑可以促进人内心的坚强，面对困难、危险能临危不乱，勇于挑战，勇往直前，想办法克服困难。

第七，微笑可以增强人的活力，精神饱满，甚至微笑还可以美容养颜，使人永葆青春。

第八，微笑可以提高自身的气质与魅力。拥有独特的魅力，就更有吸引力了。

第九，微笑可以增强记忆力。因为开心、愉快、幸福等情感，能提高大脑活力，提高记忆力。

第十，微笑是最重要的养身养心良方，比如，微笑可以降低血压，微笑可以去除抑郁，微笑可以增强食欲，微笑可以通便，微笑可以镇痛，等等。可以说，不要等到愉快了才微笑，因为笑、微笑，有百利而无一弊。

微笑的人，灵魂深处大都高尚！

{75 天赋与努力

天赋不能带来的东西，努力或许可以改变。

生活所感 · 读书所得

天赋这个东西是存在的，你不得不承认。

什么是天赋？天赋就是天资、天分，是生来俱有的、禀受于天的东西。

有人有艺术方面的天赋；有人有音乐方面的天赋，比如藏族女中音歌手降央卓玛，人称"中国最美女中音"，听她的歌，感觉就像天籁之音，她那副好嗓子，就是一种天赋。

也有人认为，"为了适应学术上的需要，一定的天赋是必要的"。

其实，每个人都有天赋！怎样知道自己的天赋在哪里？怎样确认自己的天赋？这是国内外许多人研究和实践的一个课题，据说已经取得一部分研究成果。

人与人的天赋是有差异的，而且差异很大。不少人认为，承认有天赋，但不要迷信天赋。如果过于相信天赋，就进入了死胡同，不能自拔。

许多很有天赋的人，也需要有人发现，并着力培养，让他

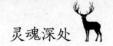

的天赋有发挥的平台、舞台。

比如降央卓玛，一名"80后"的、四川省甘孜藏族自治州德格县的、很普通的藏族农村女孩，因为家境贫寒，读到初三就辍学了，辍学之后在县城的一家酒店打工，从洗碗工做起，一路做到服务员。在酒店打工期间，由于艺术团人手不够，降央卓玛常常为凑人数站到舞台上唱歌。在一次酒店的宴会中，降央卓玛独特的嗓音，被某领导发现，领导将她介绍给县艺术团。进入艺术团之后，降央卓玛坚持努力学习，考入了甘孜藏族自治州歌舞团。

降央卓玛从小帮助父母干农活，这造就了她勤劳不怕吃苦的好品质。在西藏那段时间，由于雪域高原高寒缺氧，降央卓玛在生活、学习、演出方面不断遭遇一个又一个她想都想不到的困难，不管困难有多大，她都使劲咬牙顽强地挺住。有时条件太艰苦，缺氧导致头疼得实在忍不住了，就偷偷找个没人的角落，痛痛快快地哭一场。哭完之后，一扭头，擦干眼泪又展示出灿烂的笑容。

平时，她还虚心请教文工团里的各个资深编导，得到了他们的帮助与指导，艺术事业更上一层楼。为了拥有更广阔的舞台，降央卓玛来到北京，开始在北京发展。虽然这个城市对她来说有些陌生，但勇敢且不怕吃苦的她克服重重困难，实现了自己的梦想。

就算有天赋，梦想也需要特别努力才能实现的。

就算天赋不好，通过后天的勤奋努力，改变命运的也很多。

牛顿小时候很笨，成绩很差，当他做的风车被嘲笑，被同学弄坏了后，他开始发奋学习，终于成为影响物理学界的重量级物理学家。

莎士比亚原是戏院门口的一个马车夫，但他一有机会便从门缝和小洞中窥看戏台演出，进行学习，他终于成了闻名遐迩的剧作家和表演艺术家。

放牛娃出身的朱元璋，当过和尚，从小连私塾都没有念过，但他勤学好问，努力奋斗，不畏艰险，终于成为建立明朝的开国皇帝。

一代书圣王羲之，小时候是一个呆头呆脑的孩子，他所写的字，经常被老师卫夫人嘲笑。这倒狠狠地刺激了他。王羲之下决心刻苦练字。后来，王羲之的字写得相当好了，还是坚持每天练字。有一天，他正聚精会神地在书房练字，连吃饭都忘了。丫鬟送来了他最爱吃的蒜泥和馍馍，催着他吃，他好像没有听见一样还是埋头写字。丫鬟没有办法，只好去告诉他的老师卫夫人。

卫夫人和丫鬟来到书房时，看见王羲之正拿着一个蘸满墨汁的馍馍往嘴里送，弄得满嘴乌黑。她们都忍不住笑出了声。

原来，王羲之边吃边练字，眼睛还看着字的时候，错把墨汁当成蒜泥蘸了。

艰苦摸索和刻苦练字，王羲之终于成为我国历史上杰出的书法家之一。

{76 文章与做人

> **文章做到极处，无有他奇，只有恰好；**
> **人品做到极处，无有他异，只有本然。**

生活所感·读书所得

我很喜欢《菜根谭》中的这段名句。

《菜根谭》是本好书，有很多触动人灵魂的经典语言。

《菜根谭》是明朝之初道人洪应明收集编著的一部论述修养、为人、处世、出世的语录集，为旷古稀世的奇珍宝训。对人的正心修身、养性育德，有潜移默化的影响。

有学者这样评价《菜根谭》这本书：

"其文字简练明隽，兼采雅俗。似语录，而有语录所没有的趣味；似随笔，而有随笔所不易及的整饬；似训诫，而有训诫所缺乏的亲切醒豁；且有雨余山色，夜静钟声，点染其间，其所言清霏有味，风月无边。"

上面这段名句，值得细细品味：什么样的文章是好文章？每个人有不同的喜好，但又有共同的标准。文理通顺、字词句规范、文风正派，这是最基本的评价标准。如果再用一些华丽的辞藻、优美的语言、金句妙语、修辞文采，就增加了文章的可读性。但是，《菜根谭》的作者洪应明认为，只要文章描述的刚好符合那个事物的特点就可以算"极好"的文章了，这是文章的核心，也是文章的本质。其他的修饰，都是外在的，不能本末倒置！

而做人与写文章的道理是一样的。经常听有人说："字如其人，文如其人。"

什么样的人是好人？不同的人对好人有不同的标准。其实，许多人只要一说话、一写文章、一做事、一接触，就能看出他的为人了。

做人，不仅要看他嘴上怎么说，更要看他怎么做。做人做到最好，没有什么特殊的方法，只要活出他的本性，行事为人发乎自然本性，不虚伪，不做作而已。

《菜根谭》还有一些名句，我也很喜欢：

静中静非真静，动处静得来，才是性天之真境；乐处乐非真乐，苦中乐得来，才是心体之真机。

宁为小人所忌毁，毋为小人所媚悦；宁为君子所责备，毋为君子所包容。

忙里要偷闲，须先向闲时讨个把柄；闹中要取静，须先从静处立个主宰。不然，未有不因境而迁，随事而靡者。

163

{77 处世与待人

> 处世让一步为高，退步即进步的张本；
> 待人宽一分是福，利人是利己的根基。

生活所感·读书所得

这是《菜根谭》中的另一句名言，也很值得玩味。

张本，有开始和依据之意，也是古代一个人的名字。在这里，是作为伏笔而预先说在前面的话、为事态的发展预先做的安排，是留有余地的意思。

美好的生活、灿烂的人生，处世宜让步，必要时宜退步。让步和退步是一种必要的妥协，是处世的大智慧，让步是一种胸怀，让步是一种宽容，让步是一种高尚，让步是一种修养，让步是一种美德。

在我们的工作、生活和学习中，可以向领导、同事、下级让步，可以向父母、孩子、妻子让步，向对手让步……让步的人并不是失败者，那些很有胜算的人也可能要让步、退步，从必要的让步中赢得和谐、和平，使关系密切，感情融洽，这比争一时之气，逞一时之能，是更大的胜利。而且会为今后更大的胜利打下基础、埋下伏笔。

据说，左宗棠很喜欢下围棋，而且，还是个中高手。有一次，左宗棠微服出巡，看见一茅舍，横梁上挂着匾额"天下第一棋手"，左宗棠不服，入内与茅舍主人连下三盘。主人三盘皆输，左宗棠笑道："你可以将此匾额卸下了！"随后，左宗棠自信满满，兴高采烈地走了。过了一段时间，左宗棠班师回朝，又路过此处，他好奇地找到这间茅舍，赫然见"天下第一棋手"之匾额仍未拆下，遂入内，与主人再下三盘。这次，左宗棠三盘皆大输。左宗棠大感惊奇，问茅舍主人何故？主人答："上回，您有任务在身，要率兵打仗，我不能挫您的锐气。现今，您已得胜归来，我当然全力以赴，当仁不让啦！"

有人说：世间真正的高手，是能胜，而不一定要胜，有谦让别人的胸襟；能赢，而不一定要赢，有善解人意的意愿。

对待他人要宽容、宽厚，它是一种美德、层次、能力、学问、艺术，是风度、风范、气度、胸怀、境界；是仁爱的光芒，是生存的智慧，是生活的艺术，是精神的补品，是对别人的释怀，是对自己的善待，是力量和自信的标志；宽容、宽厚的力量强大，胜过百万雄兵！

著名演员濮存昕说得好："每个有缺点、有缺陷的人都有权利生活在这个世界上，他们有权利让自己生活得更好。你无法要求每个人都那么无私、那么完美。"既然如此，那就多多宽容别人吧。

宽容别人，是为自己积福；善待他人，是为自己积德。这样，对别人有好处，也是对自己有好处，也为日后受他人善待奠定了基础。

{78 内容和态度

> **说话做事，三分之一是内容，三分之二是态度。**

生活所感 · 读书所得

这种民间俗语的意思，不是说内容不重要，任何时候，内容都是绝对重要的。

但是，为什么这里特别强调态度呢？应该说，在内容已经很好的基础上，主要取决于态度。

在做"执行力"方面的演讲时，我就特别强调"执行三度"：

首先是执行的态度，是否愿意执行，态度决定了执行的高度、宽度、深度、速度、力度、程度、效度，可以说态度决定了一切！

其次是执行的力度，身有千斤力，不得使八分，其实，这也是一种态度。

最后是执行的效度，也就是执行的效率、效果、效益，它是态度、力度的物化和凝结。

我对我的硕士、博士研究生们有这样的要求：

在学校读书，多学一个公式、少学一个单词，其实问题不是太大，一辈子要学多少知识呀！

但是，必须毕业！

在此大前提下，要养成负责任的习惯，学习的态度一定要端正！

我要求弟子们：

人家上课迟到、早退、逃课，我们绝对不能，否则不配做我的弟子；

人家上大课都往后面挤，我的弟子必须坐一二排；

人家上课玩手机、接听电话，我的弟子绝对不能，如果有的话，我会狠狠批评："不配当我的弟子！"

人家课间给自己倒水、玩手机，我的弟子课间要为老师倒水、擦黑板；

老师提问，能够回答、不能够回答，先把手举起来再说（也就是认真听讲，认真思考，积极回答老师的提问）。

这就是态度端正。

态度端正的人，哪怕暂时能力差一些，以后也可以慢慢提升；而态度不端正的人，即使能力很强，也会招人讨厌！

一个人的工作态度折射着人生态度，而人生态度决定一个人一生的成就。

{79 德之忘不忘

> 人之有德于我也，不可忘也；
> 吾有德于人也，不可不忘也。

生活所感·读书所得

这是《战国策·魏策》中的一段话，也挺让人喜欢的！

别人对我有德，别人对我有恩，别人对我有帮助，不能忘记，还要学会感恩！俗话说得好，受人滴水之恩，当以涌泉相报。

在做关于"智商与情商"和"如何提高孩子情商"的演讲时，我一般都会讲："现在的孩子，放在50年前，几乎个个都是神童，他们的智商很高，但是情商令人担忧，特别是感恩的心方面。比如，你给孩子煮了888次早饭、晚饭，他吃了后，可能很少说谢谢！他认为父母应该为我煮饭。其实，应不应该的事情，都要有感恩的心。在学校，课间休息的时候，为老师倒水、擦黑板的人不是太多；在学校、社会上，接受了别人的捐赠，发自内心感谢人家的也不是太多。"

不忘别人的恩情，有感恩之心，应该是做人的起码要求，是最基本的人格体现。

韩信少年时虽有才能却得不到别人的赏识，做生意又不善于谋划，所以只好寄人篱下，受到人们的辱骂和鄙视。有一次他在饥饿的时候来到河边钓鱼，一个洗衣服的漂母看他可怜，不图回报地把自己的粮食分给韩信吃。韩信对漂母说："吾必重报母。"漂母听了生气地说："大丈夫不能自己养活自己，我是可怜你才给你饭吃，根本没有指望你来报答。"韩信听了惭愧不已，发愤图强，成就了一番伟业，封淮阴侯。韩信后来专程拜访漂母，以千金相谢。

《史记》中也有：陈涉少时，尝与人佣耕，辍耕之垄上，怅恨久之，曰："苟富贵，勿相忘。"庸者笑而应曰："若为佣耕，何富贵也？"陈涉太息曰："嗟乎，燕雀安知鸿鹄之志哉！"

当一个人有恩于别人时，向别人提供了帮助，不要成天将功劳挂在嘴上，助人更不是对受助之人的放债，不要让别人有压力，背上沉重的"十字架"。一些做慈善、做捐赠的人说：捐都捐了，就忘记它吧！有一位大学老师，几十年中捐助了几百名大学生和贫困山区的儿童，他有意识地把那些人的名字忘掉，一个都记不得。

我读大学时的一位同寝室同学，工作后自己做企业，先后捐赠了 8 000 多万元，但他坚决不让别人提起这件事！

记住别人对我的帮助，忘掉我对别人的帮助！

感恩别人对我的帮助，继续帮助别人！

{80 选择微信群

对于不少人来说，选择进一个微信群，
就是选择了一个什么样的生活方式。

生活所感·读书所得

2019 年 8 月初，我在微信上看到一则消息：某微信群的一个群友到法院正式起诉他加入的某个微信群的群主，理由是：群主把他清退出了群。

双方都聘请了律师。辩方律师代表群主说：群主多次在群中发了群规，不能在群中原创性发表和转发负能量的东西，被清退者无视群规，在群中发了负能量的东西，理应被清退。据说，后来是群主胜诉。

没有考证这则信息的真伪，但是，的确觉得有意思！

曾几何时，有了微信，有了微信群，即使相隔万里，也能如近在咫尺地交流。微信群的类型有很多，要建一个群，太方便了。要当群主也太容易了。

2017 年，我曾经是 56 个微信群的群主，每天早上醒来，如同"皇帝批阅奏章"一样，扫视那 56 个微信群，群中稍有异样，我最大的权力就是把那些违规的人清退出群。

后来，我浓缩到一两个大群，取名为"文化交流群"，群里规定：只能交流正能量的文化，不打广告，不拉选票，不攻击社会！

之后，还是有不断进群的，也有少量退群的，因为来去自由！

我也参加过一些微信群，绝大多数是人家拉进去的。但绝大多数我都退出来了。有的是因为专业性太强；有的是因为商业味太浓；有的是明显的层次较低；有的是因为里面"阴气太重"。有的人总喜欢在群里暴露社会的负面东西，愤青太多，隐含攻击性的东西太多，我真怕自己在这样的群里待久了，本来比较阳光的心态被"阴了"！

微信群，改变了太多人的生活方式和交友方式，成就了不少人，也害了一些人！

选择进入什么样的微信群，能看出一个人的层次、水平、好恶、性格，以及他的追求！

微信群是个大世界，也是一个学习课堂，就看自己怎样取舍了！物以类聚，人以群分！

{81 错过与抓住

人生，错过的远比抓住的要多得多。

生活所感·读书所得

人的一生，会遇到若干机遇。一般说来，机遇就是机会，也是有利的境遇。抓住了某次机遇，可能会改变一个人的工作、生活、学习状态，甚至人生从此会翻开新的篇章，改变命运，特别是一些重大的机遇、一些逆袭的机遇，更是如此。

机遇不等于运气，不等于命运！

有人说，能改变命运的重大机遇，一生会有三到五次，有的人抓住了，有的人错失了。

我自己的人生，有四次重大的机遇让我偶然也必然地抓住了：第一次，到国营八一六厂工作，并认识了后来成为我夫人的人；第二次，在国防厂工作时，考上了大学；第三次，大学分配到中共自贡市委党校，后来调回重庆大学；第四次，两次上中央电视台《百家讲坛》做演讲。

一个人，老了以后，回过头来看，错失的机遇往往比抓住的机遇要多得多，有人会追悔莫及！

是什么原因让有的人一次次抓住机遇，而有的人一次次错失机遇，而抓住的机遇又总是比错失的多得多呢？

第一，没有准备，准备不充分。机遇总是眷顾有准备之人，你做好了准备，就不是你辛辛苦苦去抓机遇，而有可能是机遇主动去找你，"主动砸你的脑袋！"我第三次到中央电视台《百家讲坛》拍片时，很荣幸地与易中天教授、王立群教授共进晚餐。王立群教授在重庆演讲时，讲过这样一句话："我为在《百家讲坛》读《史记》等了40年。"此话初听起来让人有些费解：40年前谁会知道今后有一个什么《百家讲坛》呢？但是，王教授这句话很好理解：虽然40年前人们都不知道有《百家讲坛》，但是王立群教授他努力学习，做了知识储备，《百家讲坛》一来，他抓住机遇，就上去了，而且讲得特别好！

人生啦，各行各业、处处有《百家讲坛》，上不上得去就看你平时做好准备没有。

当然，要想抓住机遇还得有识得机遇的慧眼，还要有实力，做事果断，有一定的预见性。当然，也有一些偶然因素。但是，偶然中往往会有必然！

就算机遇错失了，没有抓住，也不要怨天尤人，不要自暴自弃，"心若在梦就在，天地之间还有真爱，看成败人生豪迈，只不过是从头再来！"

{82 仰望与低头

> **内心仰望理想的人，都在低头干活。**

生活所感·读书所得

2007年9月4日发表于《人民日报》文艺副刊上国家领导人的一首诗作《仰望星空》，我曾经多次诵读，其中有的诗句还能背诵："我仰望星空，它是那样辽阔而深邃；那无穷的真理，让我苦苦地求索追随。我仰望星空，它是那样庄严而圣洁；那凛然的正义，让我充满热爱、感到敬畏。我仰望星空，它是那样自由而宁静；那博大的胸怀，让我的心灵栖息依偎。我仰望星空，它是那样壮丽而光辉；那永恒的炽热，让我心中燃起希望的烈焰，响起春雷。"

一个民族，总要有人仰望星空，坚守精神家园，这个民族才有希望！

一个人，也应该有理想，有梦想，让灵魂有个归宿，这个人才有力量！

我喜欢这样一段文字："许多人都迎合风的方向，如整齐划一的滚滚麦浪。麦田里长出了一枝玫瑰，散发出诱人的芳香。尽管玫瑰不合麦群，但是，她有自己的理想！"

　　人活一世，我们既是麦浪中的一穗，也应该成为玫瑰中的一枝。当我们仰望星空，去追梦、去圆梦，撸起袖子拼命干的时候，才有方向，才有力量！

　　真正在内心仰望理想的人，会脚踏实地，会低头干活。因为他知道，理想的实现，不是等出来的，不是想出来的，更不是成天侃大山而来的，而是艰苦卓绝地努力，拼命地干出来的。

　　既要内心仰望理想，又要低头踏实干活！

　　既要埋头苦干，又要仰望星空！

《爸爸是英雄》　曾星玥（2019 年）

{83 盛时与衰时

盛时须作衰时想，上场当念下场时。

生活所感·读书所得

这是曾国藩的名言。

一个人，三贫三富不到老，三起三落过一生。人们总是想平平安安地过一辈子，世事岂由人安排？

曾国藩告诫自己、告诫家人、告诫子孙，也告诫世人，当你到了权势的高点，红极一时的时候，所谓的"运数"鼎盛时，要考虑到可能的衰落时，处于高峰要考虑到身在低谷时。

一条抛物线，到了顶端，它可能就要下滑。

中国古语说："花无百日红，人无千日好。"

一个人的际遇有高有低，在春风得意时，也不能忘了本分，不要忘了做人的基本原则。

当一个演员粉墨登场了，上台表演好风光，喝彩的人那么多，但是，他不可能一直都在台上表演，总有表演结束下台、下场的时候，他应该有一个"好下场"才行！

一般人尚且好一些，特别是当领导的人，手中有一定的权力，有一定地位，有一定职务，在位时权倾一世，但总是要退下来的，总是要退休的，总是要交权的，总是要卸职的，于是，最好是在位时、权盛时，多为人民办点好事，多替别人着想，这样的退场，就不会"衰"而"摔"，就有了一个"好下场"。

盛时常作衰时想，一如曾国藩的"惜福"思想，珍惜眼前的幸福，珍惜所得到的"上场和盛时"，知足常乐，不得意忘形，不要太张狂。正如古人所说："井涸而后知水之可贵，病而后知健康之可贵，兵燹而后知清平之可贵，失业而后知行业之可贵。凡一切幸福之事，均过去方知。"

二是要为衰时、下场时做好准备，包括心理上的、精神上的、物质上的，也就是，别等到口渴了才喝水，别等到病重时才求医，别等到衰时空悲切！

{84 如意与称心

人生哪能多如意，万事只求半称心。

生活所感·读书所得

杭州灵隐寺的这副对联，读之对调整心态颇有好处。

杭州灵隐寺，又名云林寺，始建于东晋咸和元年（公元326年），特点：面朝飞来峰，是济公曾经生活过的地方。

日常生活中，人们都爱说这样的祝福语："事事顺心，万事如意。"其实，人生哪有万事如意的？人生，"如意之事只一二，不如意事常八九"。最多也只如灵隐寺对联说的：一半如意，一半称心。

"一半一半""一半称心"，很有禅意，很有哲理。

人生的"一半一半"太多太多：半喜半忧、半好半坏、半吉半凶、半冷半热；男人一半，女人一半；好人一半，坏人一半；白天一半，夜晚一半；天一半，地一半；善一半，恶一半；清净一半，浊秽一半。

每个人，一半是天使，一半是魔鬼。

生活，一半是回忆，一半是继续。

友谊，一半是迁就，一半是尊重。

婚姻，一半是执着，一半是无奈。

家庭，一半是付出，一半是收获。

网络，一半是真相，一半是谎言。

金钱，一半是欢喜，一半是忧愁。

梦想，一半是勇气，一半是幻觉。

天气，一半晴天，一半雨天。

人，一半清醒，一半糊涂。

人这一生，总是一半向前追，一半往后望。

三毛曾经说：如果有来生，我愿做一棵树。站成永恒，没有悲欢的姿势，一半在尘土里安详，一半在风里飞扬；一半洒落阴凉，一半沐浴阳光。

想要百分百地圆满，几乎是不可能的，也不容易。"一半一半"，才是人生的真实模样。

多如意、全称心，只有在梦里，只是追求的目标。

我们要用这一半的人生影响另一半，用好的一半影响坏的一半。

"留一半清醒，留一半醉，至少梦里有你追随""岁月不知人间多少的忧伤，何不潇洒走一回"。

{85 目的与意义

**人活着，最大的目的是死，
而最大的人生意义却在从生到死的过程。**

生活所感·读书所得

这个社会，旅游的人越来越多，国内外的、境内外的；名山大川的、人造景点的。旅游的目的地是哪里？"回家"！

人生就是一趟单程旅行，目的地是"死亡"！

这样的话听起来很悲伤，近乎残忍，但细想一下，实际上就是如此。

我们所做的一切，并不是为了死。但是，"人总是要死的，无论是重于泰山，还是轻于鸿毛"。

有人会问，人反正都要死，那么，活着干吗？人生的意义何在？

我喜欢这句话表达的意思："最大的人生意义却在从生到死的过程。"

人，生容易，活，很难。要完完整整、顺顺利利、潇潇洒洒地走完这一生也很难！

在人生旅途中，时不时问一下自己：

我对社会有益吗？

我对家人有益吗？

我对朋友、同事、同学、战友、领导、部下、客户有益吗？

当一个人走到生命尽头的时候，可以自豪地说，在我整个人生的过程中，无愧于来此走一遭了，多好！

在人生旅途中，干出一番轰轰烈烈的大事业，当然是有意义的。

能在平凡的工作中爱岗敬业，甘于奉献，也是有意义的！

能构建和谐家庭，为社会增光添彩，也很有意义。

2019年8月，在云南抚仙湖旅游时，我的一位大学同班同学、退休了的、65岁的国家某部委正司局级干部说了这样一段话："我们退休了，保重身体，安度晚年，不给社会、组织惹事添麻烦，就很好了！"

我听了这段话，深以为然！

这段话，不是豪言壮语，没有华丽辞藻，但道出了人生旅途的深刻意义！

{86 周围的垃圾

如果一个人周围都是垃圾，
那么，只有两种可能，
要么这个人是捡垃圾的，
要么这个人就是个垃圾。

生活所感·读书所得

这是鲁迅先生的一句名言。

鲁迅的作品我看过很多，他的话总是一针见血、内涵丰富、寓意深刻，甚至还有一些冷幽默，也总是深入人心！

捡垃圾的人，肯定要与垃圾打交道。因为有了垃圾，才可能有捡垃圾的人，才有这个职业，他们才有活儿干，所以，拾荒者周围应该都是垃圾。

而后半句，是鲁迅打的个比方。

大千世界，无奇不有。茫茫人海，你会遇到形形色色的人，友善的、恶劣的、中性的，也会碰到垃圾式的人。这种人的的确确是有的！

网络综艺节目《老梁说事》中讲，垃圾式的人有三个特点：

第一，鼠目寸光，见识浅短。做事只考虑眼前利益，从来不会考虑后果，缺乏远见。

第二，不分好赖，不分好歹。不会对别人好，也不对他自己好，更不会回报别人的好，甚至还是一只"白眼狼"。

第三，情绪失常，恼羞成怒。这种垃圾人，拥有"垃圾"情绪，如炮仗，一点就着。不分青红皂白，不管前因后果，不由分说，听不进去解释，让人害怕！

如果说得更严重一点，称得上"垃圾"的人，可能会危害社会，危害他人，危害家庭，危害朋友，危害自己！垃圾人，可能会危害一切！

对待垃圾人，最好的方法是退避，不惹他，不与之搭讪，不与之为伍，不与之为群。

如果是在一个微信群里，最好是早早清退！

不要让垃圾坏了别人、危害了社会；一般的垃圾，可以变废为宝，但是，垃圾人怎样"变废为宝"？这是一个世界级难题！

加强全社会的教育，学校、家庭、团队内的教育，特别是深入灵魂的教育，引导"垃圾人"的自我教育，减少"垃圾人"的形成！

{87 错误与真理

当你把所有的错误都关在门外，
真理也就被拒绝了。

生活所感·读书所得

我喜欢泰戈尔的《飞鸟集》，也喜欢《飞鸟集》中的这句话。

当还在读大学的时候，哲学老师就对我们讲了大哲学家黑格尔和费尔巴哈的故事。

黑格尔的辩证法和费尔巴哈的唯物论，都是马克思主义哲学辩证唯物主义的重要来源。当年，费尔巴哈对黑格尔的思辨哲学包括辩证法在内的学说，进行全盘否定，像倒洗澡水一样，把澡盆里的洗澡水倒掉，同时，也把澡盆里的婴儿一起倒掉了。

这只是一个比方。洗澡水不可留，但婴儿是不能倒掉的！

如同我们居家过日子，打开窗户，新鲜的空气进屋了，多爽！但是，苍蝇、蚊子也可能进来，怎么办？不可能一直把窗户关上不打开吧？

如同我们对外开放，国门打开了，经济、信息、人才、技术、资源进来了，也走出去了，这是很好的事。但同时，西方腐朽的东西也进来了，与社会主义相抵触的价值观也进来了，可能会造成一定的损失和危害，但是，不能因噎废食，不能再度闭关锁国吧！

错误的东西应该拒之门外，不要让这些错误的东西对我们的人、事、物、活动造成损害、伤害以及危害，但是，错误的东西往往是与真理混杂在一起的。如果将错误拒之门外，真理可能也进不来了！

正确的办法：

把洗澡水倒掉，一定要把婴儿留下！

把窗户打开，让新鲜空气进来；同时，消灭苍蝇、蚊子。

坚持对外开放，弘扬优秀的社会主义先进文化和社会主义核心价值观，抵制腐朽的思想！

打开大门，让真理进门，同时，有错纠错！

再欣赏一下《飞鸟集》中的一些妙语：

生如夏花之绚烂，死如秋叶之静美。

上天完全是为了坚强人们的意志，才在道路上设下重重障碍。

纵然伤心，也不要愁眉不展，因为你不知道谁会爱上你的笑容。

即使渺小，我依然拥有着我的生命；即使渺小，我依然拥有着我的家人；即使渺小，我依然拥有着我的自由。我拥有的足够多了，满足了，我便不再渺小了。

{88 直线与曲线

> **两点之间，直线的距离最短，**
> **但是，曲线的到达可能最快。**

两点之间线段最短是一个公理，又名"线段公理"。

比如把纸折叠起来，将纸上的两个点重合，那这两个点的距离就无限近了。"线段最短"的概念，是建立在平面几何基础之上，是简单地用尺子丈量距离。

"最速曲线"，是建立在力学基础上，利用的是重力加速度的概念。

这是两个完全不同的概念。

对人生来讲，这段话就很有意思。

要做一件事，直来直去最好，也最省时，最省力，所谓"直道好跑马"。

但是，很多事情并不是我们想象的那样直截了当就能办好，成功的道路从来不是笔直的，往往是"曲折地到达目的地"。

毛主席一生最引以为豪的是指挥四渡赤水战役。

遵义会议之后，中央红军在长征途中，处于国民党几十万

186

名重兵围追堵截的艰险条件下，毛泽东根据情况的变化，指挥中央红军巧妙地穿插于国民党军重兵集团之间，本来可以走"弦"形路线，但毛主席指挥红军走"勾"形路线，很多红军干部和战士都不理解，甚至埋怨。但是，毛主席指挥红军灵活地变换作战方向，四次来回渡赤水河，调动和迷惑敌人，创造战机，在运动中歼灭大量国民党军，牢牢地掌握了战场的主动权，取得了战略转移中有决定意义的胜利。这是中国工农红军战争史上以少胜多、变被动为主动的光辉典范。

直线距离，走"弦"的道路，可能里程最短，但是，直线中很多地方是没有道路可走的；丛山峻岭，大江大河，无法前行，硬要走直线，可能到达的时间会更长，反而更慢。

曲径可通幽。通过曲线，遇到的险阻可能更少，更顺利，从而用时更短，到达得更快。

也有人认为，在人生旅途中，"直线"也可以理解为自己无依无靠，拼的完全是自己，走直线式努力成功之路，这样既辛苦，又慢。而"曲线"呢，则是利用一些外部资源，包括物质的、精神的、人际关系的，从而更快地接近目标，这可能就是所谓的"最速曲线"。

{89 问题与答案

> **太多的为什么，没有答案；**
> **太多的答案，没有为什么。**

生活所感·读书所得

世界上的"问题"有很多，有太多的"为什么"。

按理说，有问题就应该有答案，有为什么就应该有能够回答这些为什么的答案。

但是，有许多的"问题""为什么"也许真的没有答案。

比如有人说，男女之间就有："为什么你不喜欢我？为什么你会喜欢她？"这些问题，往往没有答案！

有人说，没有任何一个问题会永远没有答案。

有人说，答案是存在的，只不过我们还没有找到而已。

有人说，没有答案，这本身就是答案！

中国历史上也有三个没有答案的"为什么"：

第一，青铜剑为什么千年没有生锈？

这把剑源自春秋战国时期，是勾践所用，很多人都说这把剑是王者之剑，因为它，勾践才能重新登上王者巅峰；也有人觉得这是夸夸其谈，毕竟一个人的成就怎么能光凭一把宝剑来定义呢？但这把剑的确有神奇之处，它经历了几千年的泥土掩盖，当考古学家将它挖出来之后，它非但没有腐朽生锈，反而如刚打造出来一样，剑身泛着一层亮光，让人不寒而栗。据说，当时考古学家不小心碰到了剑锋就割破了手，流了很多血。

第二，秦朝真的有十二铜人吗？为什么不见了？

在秦朝，用的都是青铜器，而在发生一系列的行刺事件之后，秦始皇意识到百姓不能私藏武器，否则将来造反怎么办？于是他派人没收了民间所有私藏的青铜器，将这些武器全部融化铸成了十二个高大的青铜器人，每个有三十吨重。不过秦国灭亡之后，这些铜人就下落不明，没有人知道它们去了哪儿，就连历史书中对它们的记载也不清楚。但人们就是觉得这些铜人依然存在于世界的某个地方，只是没有人可以找得到。

第三，为什么武则天要立无字碑？

自古碑文都是用来歌功颂德的，就是一个人死之前做出了多大的贡献，他的一切功劳都会刻在石碑上被后人瞻仰，让后人清楚他是一个怎么样的人。伟大的女皇武则天也如此，可是她立下的石碑居然是一块无字碑，上面光光的没有一个文字，既然如此，武则天为何要立这块碑？难不成是有什么特殊的原因吗？很多人都说她之所以不刻字是因为她虽然是皇帝，但她所享受的一切都是李家江山，既然江山都还回去了，那这块碑文有没有字已然不重要了。这只是一种说法而已。

还有，老子出关，去哪里了？

西施最终的去向？

徐福东渡去哪里了？

杨玉环真正的死因是什么？

外星人在哪里？

太多的为什么，后人给出了太多的答案，但是，都不能让人信服。

但是，又有很多事情，是有答案，而无为什么。即很多事情，有结果，却没有原因，是这样的吗？

著名作家沈从文曾经对妻子张兆和说过："我不知道为什么忽然爱上你了。"

这不，爱上张兆和，这是答案，但没有为什么！

其实，任何结果、答案都是有原因的，都是有为什么的。有人说："凡事各有因果。"凡果皆有因，"事出有因""是因皆产生果"。

有果无因，有答案而无为什么，更多的是此因并不重要，人们无须关心，它也无足轻重。

{90 追求的幸福

> **我们应该追求的是幸福，而不是比别人更幸福。**

生活所感·读书所得

每个人都想得到幸福，每个人都有得到幸福的权利，每个人都有过幸福的经历和感受。

每个人对幸福的理解，有相同的，也有差异很大的；每个人对幸福的要求有相同的，也有不尽相同的。

幸福是一种感觉！

幸福也是一个发展的概念，幸福与否，是有客观衡量指标的，人们管它叫"幸福指数"。

追求幸福，是人的本性、本能。人们都去追求幸福，这是应该得到鼓励和帮助的。人类社会最美好的状态，就是人人都幸福。

个人如此，家庭也是如此！

虽然幸福也是比较而言的。

但是，我们追求的幸福，应该是在自己得到幸福的同时，还要让别人幸福！

不忘初心，就是为人民谋幸福；牢记使命，就是为民族谋

强盛，让全国人民在强盛的国家中更加幸福。

如果总是追求比别人更幸福，就走入了误区，就会进行恶意攀比，比工资、比待遇、比享受、比名誉、比地位、比子女的成才、比权力的大小、比地位的高低，就是不比能力、不比贡献。

一个人错误地把这些东西当成幸福，就有可能不择手段地去追求这些，最终并不能得到真正的幸福。同时，由于使用了违规、违纪甚至违法的手段，可能身陷囹圄，进而与幸福无缘。

要比别人更幸福，并去追求，首先要校正自己的幸福观。

比如，比一比谁给别人带来更多、更大、更好的幸福，这样，你可能就比别人更幸福；我给别人带来幸福，就成了自己最大的幸福。

怎样才能做到？于是，就追求自己的能力提升、贡献更大，从而给别人带来更大的幸福，为更多的人谋幸福，这时，你可以自豪地说，我比别人更幸福！

{91   偶然与必然

凡事都有偶然的凑巧，结果却又如宿命的必然。

生活所感·读书所得

这是沈从文在《边城》中的一句名言。

沈从文，中国著名作家、历史文物研究者。

他的主要贡献是用小说、散文建造起他的特异"湘西文学世界"，他广泛流传的著作有《边城》《湘行散记》《中国古代服饰研究》等。

《边城》是沈从文的中篇小说，是他最负盛名的代表作。人们对它评价极高，有人说它是镶嵌在中国现代文学画廊中"一颗千古不磨的珠玉"，有人说它是"小说中飘逸不群的小仙女"。该小说入选20世纪中文小说100强，排名第二位，仅次于鲁迅的《呐喊》。

"凡事都有偶然的凑巧，结果却又如宿命的必然"，有人说，这是人生永恒不变的哲理。偶然的事情太多太多。

你看看，你听听："只是因为在人群中多看了你一眼，再也没能忘掉你容颜。梦想着偶然能有一天再相见，从此我开始孤单思念。想你时你在天边，想你时你在眼前，想你时你在脑

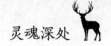

海，想你时你在心田，宁愿相信我们前世有约，今生的爱情故事，不会再改变。"

这种偶然，往往就有必然，若干次偶然的出现，它不就成了必然？

不是宿命，但犹如宿命！

沈从文在小说《边城》中，描写了一个风景优美的叫茶峒的山城，赞美了这里淳朴民风民俗，描摹出人们向往的幽美宁静的生活场景。

可是，这里上演了情窦初开的少女翠翠和母亲两代人的爱情悲剧！

边城，表面上看是"世外桃源"，非常吸引人，其实却是一处无处安放爱情的所在，相爱之人无法厮守终生，逼得他们或者殉情而亡，或者逃离天涯。

这里，沈从文实际上道出了他那套"偶然、宿命和必然"的隐藏在灵魂中的理论，也是他与妻子张兆和从追求爱、到发生情感波澜、到爱得要死要活的"偶然、宿命和必然"的写照。

难怪沈从文会在《边城》一书中无可奈何也在灵魂深处描述一波三折、"围城"式的爱情，并用了这样一段话表述它："世间若有双全法，不负亲人不负卿。"

{ 92 生活即遇见

生活所感 · 读书所得

有人说，人间，一切都是遇见；世间，一切都是遇见；人世间，一切都是遇见。

生活，即遇见！生命，即遇见！

遇见，犹如碰到。遇见，更多的是偶然、碰巧、凑巧、遇巧，甚至是意外，不期而遇。但是，也有人认为，它可能是相约而见、规律性的相见。

遇见人、遇见物、遇见事，遇见天气，遇见"好运"，遇见良机！

有一次性的遇见，说再见后就不会再遇见；有天天重复遇见；有不同场合、场景、情景的遇见；有不期而遇的遇见；有不想见又不得不见的遇见；有一直盼望的遇见：一日不见，如隔三秋！

人的一生，都希望遇见好人，这样的遇见可能给自己带来"好运"。

人的一生，遇见最多的是自己。不仅仅是天天照镜子时的遇见，更有思想的遇见、灵魂的遇见！我能遇到一个更好的自己吗？那就读书！杨绛先生不是说了吗："读书，为了遇见更

195

好的自己！"

电影《向左走，向右走》的主题曲就是《遇见》。由易家扬作词，林一峰作曲，孙燕姿演唱。歌曲有些许伤感，但是又透露出坚强，透过对现实的无奈很容易勾起人的感情回忆，让人沉浸在爱情的怅惘意境中。歌词中就有遇见："我遇见谁会有怎样的对白，我等的人他在多远的未来……我遇见你是最美丽的意外，总有一天，我的谜底会揭开。"

清朝著名词人纳兰性德的《木兰花·拟古决绝词柬友》中就有"人生若只如初见，何事秋风悲画扇"。初见时的美好，结局却超乎想象，勾绘的人生，总有那么几许淡淡的遗憾和哀伤。

中央电视台著名主持人董卿，在中央电视台节目《朗读者》第一期的主题词，就是"遇见"。在开场时，她讲了这样一段话：

"蒹葭苍苍，白露为霜。所谓伊人，在水一方。"这是撩动心弦的遇见。

"这位妹妹，我曾经见过。"这是宝玉和黛玉之间，初次见面时欢喜的遇见。

"遇见你之前，我没有想到过结婚，遇到你之后，我结婚没有想到过和别的人。"这是钱锺书和杨绛之间，决定一生的遇见。

世间，一切都是遇见。

就像冷遇见了暖，就有了雨；春遇见了冬，就有了岁月；天遇见了地，就有了永恒；人遇见了人，就有了生命。

世界这么大，能遇见，不容易！是缘分？是前世修来的？且见且珍惜！

{93   三次大成长

> 人生的三次成长：
> 一是发现自己不再是世界的中心的时候；
> 二是发现再怎么努力也无能为力的时候；
> 三是接受自己的平凡去享受平凡的时候。

生活所感 · 读书所得

这是著名学者周国平的名言，细读之，细品之，竟然触动了我的灵魂！

人，一辈子都在成长，并逐渐走向成熟，特别是走向心智的成熟。

小时候，年少时，以自我为中心的倾向突出，认为自己就是世界的中心。再加上，在家里，父母长辈的疼爱，都是围绕着自己在转，好吃、好喝、好东西，都是先给自己，更加剧了我们的这种倾向。一位父亲甚至深情地对儿子、女儿说："我可是把我最心爱的女人给了你们当妈妈的！"

但是，当孩子到了幼儿园，到了小学、初中、高中、大学，参加了工作，再走出国门，一经历人生，一到社会，他发现自己并不是中心，周围的人并没有太把自己当一回事，也不会都

围着自己转，自己只是沧海一粟，于是，他成长、成熟了许多！

在学校、在工作中、在社会上，一个人要自己努力，不能永远靠父母、靠关系，因为"靠山山会倒，靠人人会跑""从来就没有什么救世主，也不靠神仙、皇帝。要创造自己的幸福，全靠自己"。有人辛苦努力，见到了成果，达成了人生的一个个目标；也有人辛苦努力，再怎么做，甚至加倍努力，还是达不到目标，还是无能为力，且不说什么"癞蛤蟆想吃天鹅肉""人人都想当皇帝"，就是日常生活、学习、工作中的一些目标，如果不切实际，定得太高，也并非努力就能达成的。认识到这一点之后，他就更成熟了！

一些人，总是自命不凡，把目标定得太高，好高骛远，不切实际，对谁都瞧不起，对什么都不屑一顾，大事做不了，小事不愿做，不愿意脚踏实地从最简单、最基础的事做起，结果，可能一事无成！

人类社会，从古到今，伟人、名人、强人毕竟是少数，大多数人也只是凡人，平凡、平常、平淡、平静地度过一生，去过凡人的日子，去做凡人的事。就是伟人、名人们，他本身也是凡人，也是从平凡的事做起的，做到不平凡，做到极致，才变得伟大了。他悟到了这些，于是，他成长、成熟了更多！

当一个人悟出了这些平凡与伟大的道理，知道自己的平凡，接受自己的平凡，在平凡中继续努力，在努力中享受时，他就完全成长、成熟了！

{94 懂你与喜悦

> **在懂你的人群中散步，尽享喜悦。**

生活所感 · 读书所得

一个人的一生会遇见很多不同的人。有的人喜欢你，有的人不喜欢你；有的人说不上喜欢不喜欢、讨厌不讨厌你，是中性人；有懂你的人，也有不懂你的人。有人说，世界那么多人，在认识你的人中，有 1% 的人懂你，足够了。

要是我，有万分之一的人懂我，真正懂我，我就觉得很幸福了。

所以，"选择同频道的人在一起，人生会变得非常简单快乐"；"选择'三观'相同的人做夫妻、做朋友、做微信群的群友，既能可持续相处，也能尽享喜悦"！夫复何求，人生足矣！

一位名为"每晚临睡前"的网络作者写的一篇文章，深深地打动了我。

"这个世界上总有那么 20% 的人，见到你就莫名其妙地喜欢你；总有那么 20% 的人，见到你就莫名其妙地讨厌你；剩余 60% 的人处于中立状态。如果我们把关注点放在那些莫名其妙讨厌你的人身上，那我们每天接收到的信息就会烦恼不断。但

是，如果你把关注点放在 20% 的喜欢你的人身上，每天就是如沐春风。

"我的一位老师和我说过，他刚刚做老师的时候，总是关注那些在课堂上不喜欢他课程的人，越关注那些不喜欢他课程的人，他就越想去迎合这部分人，让这些人也喜欢他的课程，后来，他发现，自己错了。有时候，无论他怎么做，总有一部分人就是不喜欢他的课程。后来，他就把关注点放在那些特别喜欢他的课程的人身上，结果，情况发生了翻天覆地的变化。这个时候，在他的眼里，都是喜欢他课程的人，那些学生的反馈赋予他很大的能量，从而激发他讲得越来越好。逐渐地，处于中立状态的一部分人以及不喜欢他课程的一些人也被老师的激情和才华所感染，最后整个情况都发生了变化，他的课程越来越受欢迎，老师的生活也越来越开心充满自信。

"在我们的人生中，只和懂你的人谈你们之间懂的那些话，不懂你的人，你可以去影响，但不必强求。世间人这么多，只要有 1% 的人懂你，就足够了，汇聚到一起，力量就很强大了，选择同频道的人在一起，人生会变得非常简单、快乐！"

就算是夫妻双方，共同生活几十年，他懂你吗？

"你懂的！""这个你懂！""谢谢你懂我！"多么珍贵！可遇不可求！

在懂你的人群中散步，是多么幸福的一件事啊！

珍惜懂你的人！幸运地遇见同频道的人！

{ 95 简单的深刻

简单的往往是深刻的，复杂的可能是肤浅的。

生活所感·读书所得

悟性，有人叫它灵感，灵感对凡人来说，可遇而不可求。就是对一些高僧来说，开悟了，来灵感了，也是很难的一件事。

很多简单的东西，可能就是参悟不了。灵感如果来不了，如同窗户纸，捅不破，就是一堵城墙；捅破了，它不过就是薄薄的一层窗户纸。

简单的深刻，复杂的肤浅！

当年唐代女禅师"无尽藏"就参悟不了，师傅便让她四处寻找春天，可怜女禅师历经千辛万苦，访遍名山大川，没有找到春天。

最后，却在自己天天居住的庵庙门口见到第一枝梅，于是，便写下了一首《嗅梅》的诗，诗中有："归来笑拈梅花嗅，春在枝头已十分。"

她终于开悟了，最终"无尽藏"成了我国第一位女禅师。

我国北宋时的和尚"白云守端"，几乎对所有佛理都精通，但就是参悟不了"色即是空"四个字。

它是《心经》中的一句，全句是："色即是空，空即是色，色不异空，空不异色。"这四句话，看似字字简单，却是很玄妙的禅语。

当时"白云守端"就是理解不了，老师让他闭门细想。"白云守端"接连想了几天都想不明白。

一天夜里，他突然看见一只苍蝇在灯光下冲向纸窗，试图冲出屋子。

在试过几次失败后，便四处乱撞，最后，终于撞到了大门上的一条缝，并从缝口飞了出去。

看见这一幕，"白云守端"大彻大悟，写下了一首禅诗《蝇爱寻光纸上钻》："蝇爱寻光纸上钻，不能透处几多难。忽然撞着来时路，始觉平生被眼瞒。"

苍蝇想出屋，多次朝有光亮的纸窗撞，以为有光亮的地方就是出口，结果多次失败。反而回到原点，从自己进来时的大门的门缝出去，结果成功了，就这么简单。

许多失败，往往是我们想多了，想得太复杂了，不妨在最基础的地方试一试，或许有惊人的效果。

96 太多的美好

生活所感·读书所得

小时候，我喜欢读《伊索寓言》，以及其他古今中外的故事书籍，其中，不少寓言故事印象很深。

古时候，有一个穷人，生活艰难，他经常祷告上苍，让自己有一点点钱财，哪怕只够吃穿也行。他的祷告感动了上苍，这一天，天神对他说：告诉你一个打开宝藏的口诀，你进去后，可以拿走三件宝物，从此足够你好好生活一辈子。但是，拿了宝物后必须马上出来，否则宝库大门一关，就永远出不来了。

这个人高兴极了，来到宝库门前，念动口诀，宝库大门果然打开了。这人进入宝库，他惊呆了，里面的宝贝应有尽有，金银珠宝、珍珠玉石，有太多奇珍异宝。他太高兴了，挑了三件，正准备返回，但一看，这么多的宝贝，再多拿一件又何妨？他拿了第四件宝贝；正要返回，一看这么多好东西，不拿白不拿，于是，他拿了第五件、第六件……这时，大门关上了，他永远出不来了！

世界上美好的东西太多太多，有的是你通过努力能够得到

203

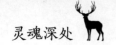

的，有的是再怎么努力也得不到的！而能够得到的好东西太少太少！

什么好东西都想得到，就什么都得不到！

有很多好东西，本就不属于你，本来就得不到，如果强行得到它，要么就是太与自己过不去，要么就是太贪婪。为了得到它，你就要动歪脑筋了，要么违规、违纪，要么就违法了，结果已经拥有的仅有的一点好东西也可能荡然无存，甚至还可能因贪婪过度而成为阶下囚！"不是你的菜，别去揭锅盖！"

这真是：人心不足蛇吞象，贪婪无比梦黄粱。天下好物多得很，知足常乐强更强！

{97 问好与施好

一切对别人的问好、施好，就是对自己的好。

生活所感·读书所得

人与人见了面。认识的人要问好，不认识的人，一般说来，也应该问好。这既是一种礼貌、礼仪，也是一个人基本的素质与素养，特别是涵养、教养的外在表现，是一个民族文明的表现。

当你向别人问好时，无形中，你的心情会更加舒畅，有一种高尚的感觉。如果你养成了向别人问好的习惯，表明你的心态阳光，而且愿意把太阳般的温暖向别人投射，使别人感到温暖阳光，就是一种把博爱献给别人的崇高行为。

更进一步，如果是在行动上再对别人好，那就更上了一个层次、档次了。

给别人让路让座，为别人提供方便，为别人提供必要的帮助；必要的时候，在可能的情况下，做一些捐赠和慈善，为社会做一些公益和义务，就是对别人的施好！

在生活中，体贴、关心别人，不给别人添麻烦，这是施好。

在学习中，刻苦努力，虚心好学，积极向上，这是施好。

在工作中，爱岗敬业，做好分内的事，做一定的分外的事，

勇于担当，做出业绩，这是施好。

在社会上，为别人着想，热心助人，有益于社会发展，这是施好。

在家里，和谐相处，抱有家国情怀，享受天伦之乐，这是施好！

就是在一个微信群中，原创和转发一些正能量的信息，对别人多称赞、多鼓励，这是施好！

别人帮助了你，鼓励了你，称赞了你，你表示感谢、感恩，这是施好！

对别人施好的方式有很多，很多都是举手之劳。

其实，你向别人问好了，也就相当于向自己问好了。你问候别人，别人可能反过来向你问好，这不是很好的事情吗？这种问好问候，让大家的心情都舒畅，关系更融洽，这样，包括自己在内也都其乐融融了。

有人说："让自己获得更多朋友的唯一方法就是去帮助别人，帮助别人答疑解惑也会丰富自己的知识；帮助别人扫去门前雪，自己的路就会更宽广、更平坦；帮助别人摆脱人生的困难，当自己遇到困难的时候，就会有人帮助你。"

孩提时就听过这样一个故事：

一只小蚂蚁在河边喝水，不小心掉到了河里，用尽全力也游不到岸边，小蚂蚁近乎绝望地挣扎着在河水中打转。这时，正在河边觅食的一只大鸟看到了这一幕，它很同情这只可怜的小蚂蚁，于是衔起一根小树枝扔到它旁边。小蚂蚁挣扎着上了树枝，终于脱险回到岸上。小蚂蚁正在河边草地上晒自己身上的水，这时，它听到一个人的脚步声。

一个猎人轻轻地走过来，手里端着枪，准备射杀那只大鸟。小蚂蚁迅速爬上猎人的脚趾，钻进他的裤管，就在猎人扣动扳机的瞬间，小蚂蚁咬了他一口。猎人一分神，子弹打偏了。枪声把大鸟惊起，大鸟振翅飞远了。

对别人施好的目的不是得到别人给予的好处，但是，他会让别人得到好处，感到舒服；也会让自己舒服，助人为乐；而且别人可能会有意无意地帮助你。

《花间》 曾星玥（2019 年）

{98 起舞与生命

每一个不曾起舞的日子，都是对生命的辜负。

生活所感·读书所得

这是德国著名哲学家、语言学家、文化评论家、诗人、作曲家、思想家尼采的经典名言。

尼采被认为是西方现代哲学的开创者，他的著作对宗教、道德、现代文化、哲学以及科学等领域提出了广泛的批判和讨论。他的写作风格独特，经常使用格言和悖论。尼采对哲学的发展影响很大，尤其是在存在主义与后现代主义上。

一个人的生命只有一次，一个人的生命历程也是不可逆的。

怎样度过一生？每个人有自己的活法。可以碌碌无为，无所事事，百无聊赖，灯红酒绿，甚至作恶多端，遗臭万年，显然，这些人过这样的日子，是对生命的辜负，要知道，一个人来到这个世界走一遭挺不容易的；不能轰轰烈烈、成就伟业，但至少不能辜负生命、不能危害别人。

那就"起舞"吧！

尼采说的"起舞"，并不是说每天都要载歌载舞，在一片歌舞升平中生活，尼采其实是在告诫我们，尽量让自己的生活过得精彩一些、有趣一些。于是，就需要我们用心付出，辛苦努力，刻苦学习，做好本职工作。最不辜负生命的，就是把生活的每一天都过好，并且过得充实。

小时候，读过多遍《钢铁是怎样炼成的》一书，对保尔·柯察金的一段话很喜欢，多次读它。最近又读了一遍，我觉得这段话与尼采的"每一个不曾起舞的日子，都是对生命的辜负"有异曲同工之妙。

"人最宝贵的东西是生命。生命对于每个人只有一次。人的一生应当这样度过：当回忆往事的时候，他不为虚度年华而后悔，也不为碌碌无为而羞愧；在临死的时候，他能够说：'我的生命和全部精力，都已献给了世界上最壮丽的事业——为人类的解放而斗争。'"

再欣赏一下尼采的其他妙语：

没有可怕的深度，就没有美丽的水面。

当你凝视深渊时，深渊也在凝视着你。

一个人知道自己为什么而活，就可以忍受任何一种生活。

那些听不见音乐的人，认为那些跳舞的人疯了。

{99 健忘与善忘

> **健忘是一种病态，善忘是一种境界。**

生活所感 · 读书所得

健忘是一种生理现象，主要是指记忆力差、容易忘记某个人或某件事情。小孩子，容易健忘；年纪大了，容易健忘。民间叫记性差，忘性大。其实，对大多数人来说，这是自然现象，绝大多数人都是如此。

健忘也是一种病症，即遇人遇事易忘症。多因心脾亏损，年老精气不足，或瘀痰阻痹等所致。常见于神劳、脑萎、头部内伤、中毒等脑病之中。

健忘是一种被动和无奈，谁也不愿意健忘。严重的健忘，是一种病态，可能会误人误事。

但是，善忘就不同了，它是一种主动的忘记，有意忘掉，是一些人的主动选择，甚至是一种高境界，是一种阳光心态的表现。

在我那本《修炼阳光心态》[1] 的书中，有这样一段话：

一个立志让自己心态阳光的人，就要修炼这样的心智：吃得下、睡得着、走得动、提得起、放得下、记得住、忘得掉、想得开、笑得出。

1 曾国平，曾经.修炼阳光心态 [M].重庆：重庆大学出版社，2016.

一个人，记忆力再好，也不可能什么都记下，在知识大爆炸的信息化时代，哪里会记得住那么多东西？我们应选择性地记忆，记住该记的东西。

一个人还要善于忘掉一些东西，善忘是一个人的本事，是一个人修炼到一定层次的素质、素养和境界。

如同电脑和手机一样，时不时要清理一下，删掉一些废信息，甚至"格式化"一些信息，清空电脑、手机，便于存储另外一些有用的、优质的信息。

人的大脑也是如此，时不时地忘记一些东西，方法也是清空、格式化。对一些废信息，一些负能量的"强制入侵的信息"，一些仇恨性的语言和信息，一些干扰你的工作、生活和学习的信息，就毫不犹豫地"干掉它们"，从记忆的账本中抹掉它们，再也不要去想它们！

吴炜先生说："人能够忘记是非纠纷、恩怨情仇，那是因为他的心已经适应外界的环境，变得坦然平静了。"

善忘的人，可能更大气，可能更宽容，可能更和善，可能更阳光，可能身心更健康，日子可能过得更舒服、更有趣！

除了被动的健忘与主动的善忘以外，其实还有一种中性的"健忘"，是一种舒服、舒适后养成的习惯性的健忘。比如《庄子·达生》中有这样一段话："忘足，履之适也；忘腰，带之适也；知忘是非，心之适也。"意思就是如果忘记自己脚的存在，那是鞋子穿在脚上很合适；如果忘记自己腰的存在，那是系的腰带很舒适。

{100 机会与弱者

> **没有机会，是弱者的最好托词。**

生活所感 · 读书所得

这是 19 世纪法国伟大的军事家、政治家，法兰西第一帝国的缔造者拿破仑的一句话。

年轻的拿破仑刚进军校时，个子不高（1.65 米左右），相貌平平，无依无靠，是一个典型的"外省农二代"，应该是一个"没有机会的弱者"。他用足够的勤奋代替了可能的沉沦，在数学、历史、化学、法律方面成绩领先，尤其是在火炮方面，他下功夫最深，这为他成为一名崭露头角的炮兵军官奠定了基础；他没有怯懦，战斗中他冲锋在前，立下了赫赫战功；他抓住机会，成为高级将领，用人得当，几乎每战必胜；最终，一个外省平民的儿子，成为皇帝。虽然拿破仑后来也由于多种原因，特别是他自己的原因失败了，"没有机会，是弱者的最好托词"这句话，却是非常正确的，也是他自己前半生靠努力抓住了机会而成功，并攀登上人生巅峰的写照。

遍观社会，许多成功人士，他们的机会也不是与生俱来的，也不是一劳永逸的。机会、机遇，总是眷顾有准备之人。他们之所以成功，是因为平时做出了比别人更辛苦、更努力的准备。正如鲁迅先生说的："哪里有什么天才，我只是把别人喝咖啡的时间用在工作上了。"

许多成功人士，人们只是看到了他们成功后的光鲜亮丽，而没有看到他们成功前的辛劳，他们的脚印中充满了汗水、泪水，甚至还有血水！

所以，一些人总是抱怨自己没有机会：

"给我一个支点吧，我会撬动地球的！"

"不能怪我无能，只是没有人给我机会而已，没有人给我平台、舞台而已。如果给了我机会，给了我平台、舞台，我照样干得好！"

这句话也有几分道理。领导者的优秀卓越之处，就在于给下属创造成功和优秀的环境，提供必要的条件，搭建让他们发挥本领的平台、舞台！

但是，一般人也要自问：能不能自己创造一个撬动地球的支点？能不能自己创造走向成功的条件？能不能自己给自己搭建施展本领的平台、舞台？

213

弱者在等待别人恩赐的机会，机会是不会来的，来了也有限！

强者自己创造机会，自己搭建施展本领、走向成功和优秀的平台、舞台！

{101 正能量微笑

给自己一份正能量，让世界对着你微笑。

生活所感·读书所得

这是从"给自己一份好心情，让世界对着你微笑"演绎过来的一句流行语。

"正能量"一词，在 2012 年经常被引用。

起初，在奥运火炬传递期间，很多博主在微博上发表"点燃正能量，引爆小宇宙"和"点燃正能量，运气挡不住"的博文，之后这两句话迅速被网友跟进和模仿，这两句话也成了当时网络最热门的句子。

后来，网友把"点燃正能量"的励志口号与伦敦火炬传递结合起来，伦敦奥运火炬成了正能量的代言物，"正能量"一词也借此在中国走红。

由国家语言资源监测与研究中心、商务印书馆等单位联合举办的"汉语盘点 2013"揭晓。

"正能量"当选 2013 年度国内字词。

通常说的"正能量"，本质上是一种消息、信息、讯息。

现在，人们用"正能量"一词，多是褒义。

　　所有符合社会主义核心价值观的积极、健康、感化人性、催生健康的政治和经济秩序的新闻和消息，就是"正能量"。

　　若从行为角度去观察，所有为别人着想而善意的行为，推进事物向公平、法制、民主的方向发展的行为，有益于公众、集体利益的行为，都是正能量的行为。

　　我们的社会需要正能量；我们的家庭、学校、机关、医院、企业、媒体、信息、微信群需要正能量；我们的生活、学习、工作需要正能量；我们的人生需要正能量！

　　2017 年 6 月 23 日下午，我对两位即将毕业马上离校的硕士研究生有一番毕业赠言，我向他们提了五点希望，其中，第一点就是希望他们工作后，甚至整个人生都要充满正能量，无论是顺风顺水打上风，还是逆水行舟打下风，都要充满正能量，而且，负能量于事无补，反而害人害己！

　　当一个人充满正能量时，自己会积极向上，精神状态好，也有好心情，自己也会感到高兴，而且，别人也会从你正能量的言行、作品中得到益处，别人也会高兴。大家都高兴的事，这不就是"世界对着你微笑"吗？

{102 灵魂与知识

> **将教育灵魂化，而不仅仅是知识化。**

生活所感·读书所得

各级各类学校都是教育机构，教育是干什么的？是育人成才的，教授学生知识的。

教育知识化、教育智育化，在许多学校成为一种实际操作的金科玉律，因为有考试、升学的指挥棒！

但是，现在越来越多的教育工作者、教育管理工作者，甚至全社会都逐渐形成一个共识：教育不仅仅是知识化，而且要灵魂化！

德国存在主义哲学家、神学家、精神病学家雅斯贝尔斯说的话，已经被越来越多的人接受并传播："教育的本质是唤醒。教育，意味着一棵树摇动另一棵树，一朵云推动另一朵云，一个灵魂唤醒另一个灵魂。"

有人把教育的本质定格在"一个灵魂唤醒另一个灵魂"。

在我们中国，更多的是要思考：培养什么样的人（办什么样的学、办什么样的学校）；怎样培养人（怎样办学、怎样办学校）；为谁培养人（为谁办学、为谁办学校）。

　　广州番禺象贤中学提出了这样的办学理念："办有灵魂的教育，育有灵魂的人。"并提出：塑造一支有灵魂的师资队伍，因为教师是人类灵魂的工程师，老师自己有灵魂，才能唤醒学生的灵魂。在有灵魂的学校、有灵魂的课堂里，教有灵魂的知识，进行有灵魂的教学，最终培养有灵魂的学生。

　　这一连串的"灵魂"指的是什么？可以有很多种理解和表述，我倾向于认为它指的是人格、人性、兴趣和精神。

　　健康人格的塑造是灵魂教育的核心！

　　俗话说得好，人格是金。一个人的人格，是他的最高学位；健康的人格，使人真正成为人；健康的人格是学校、家庭对孩子第一培养的方面，也是最大的成就；人格是唤醒灵魂工作的重点。

　　山要有脊梁，没有脊梁是平原而不是山峰；国要有国格，没有国格，这个国家就没有尊严，久而久之，国将不国；人要有人格，要有健康的人格，没有人格，这个人就没有层次、档次，别人瞧不起，严格来说就不成其为人。

　　从这个意义上讲，"教育最根本的目的在于塑造人格"，"使个人的人格与社会的人格相统一"。

　　有健康人格的人淡定平和、真诚、有责任心、善良、有感恩的心、为他人着想、值得信赖，是能为别人着想的人，是很正直、正派的人，是正常的人，是为家人、群体、社会所接受，并受欢迎的人。

　　学生步入社会，有和谐的人际关系，有良好的社会适应能

力，有正确的自我意识，有乐观向上的生活态度，有良好的情绪调控能力，等等。

其实，每个学生的灵魂深处都有这些东西，只不过，它们都潜藏着，靠老师用自己高尚的灵魂去教育，去挖掘，去唤醒！

这样一来，教育既使学生学到了丰富的知识，也使学生灵魂化了！

《风中》 曾星玥（2019 年）

{103 止步与进步

生活所感·读书所得

我喜欢隋朝大儒王通的《止学》这本书，它是关于"止"之思想的集大成者。

止学，是中国一门古老的学问，在国学和传统文化中，它闪烁着智慧的光芒，是人生成功的大智慧。

长期以来，虽然王通的名气并不大，很多人并不知道有他这样一个人。但是，他的几个弟子都很有名，如魏徵、李靖、徐世勣、房玄龄。他的弟子成名成功，得益于王通的《止学》。

王通有一个孙子，叫王勃，他是文学天才、初唐四杰之一，从小被誉为神童。唐高宗称赞王勃："奇才，奇才，我大唐奇才！"王勃在《滕王阁序》中，留下了千古传唱的名句："落霞与孤鹜齐飞，秋水共长天一色。"

《止学》这本书，全书10卷，不足千言，共998字，主题就是一个"止"字，是一部被湮没的、关于胜败荣辱的绝学。

有人说，学习了《止学》，便站在了人生的制高点。

有人说：欲成大事者，必须学习《止学》。

《止学》的要义：应该在什么情况下停下来。水满则溢，月圆则缺，适可而止，"有余"有时并不是好事。当进则进，当止则止。

"与其在错误的道路上一直走下去，不如就此止步，这或许是一种进步。"

方向错了，必须止步，否则南辕北辙，离目的地更远。

我在演讲中多次讲到"止学"，在我出版发行的演讲光碟《国学经典与人文素养》中，我用了很大的篇幅讲"止学"，尤其强调一个人"行易止难"。有的领导干部在经济上出事、出大事，并给他算了"总账"，看他们的人生轨迹，多年前就有贪污腐败的行为，后来，越贪越多，越贪越大，贪得无厌，方向错了，除了本性以外，很重要的就是不懂得"止学"，不会止步！

曾国藩早就说了：人生之善止，可防危境出现。以止为行动之本。

心中高悬法纪明镜，手中紧握法纪戒尺，知晓为官做事的尺度。

心存敬畏，行有所止。

{104 纪律与自由

纪律永远是自由的第一条件。

生活所感·读书所得

这是黑格尔的一句名言。

对此，很多人都有过类似的论述。比如：

没有纪律的约束，就没有真正的自由。

世上没有绝对的自由。

自由都是相对于纪律而言的。

在社会中，不受任何约束和限制的自由是不存在的，个人的自由只能是在规定的范围内的自由。

我们只有接受规则的约束，才能获得真正的自由。

纪律，指为维护集体利益并保证工作顺利进行而要求成员必须遵守的规章、条文。

纪律作为一种行为规则，是伴随着人类社会的产生而产生，伴随着人类社会的发展而发展的。

自由，则是由《宪法》或《根本法》所保障的一种权利或自由权。

1789年《人权宣言》第4条是这样说的："自由即有权做

一切无害于他人的事情。"

上述的"《宪法》或《根本法》所保障"和"无害于他人"，其实就是一种约束，意指不是绝对的自由，不是放任的自由，而是一种在约束、在纪律前提下的自由。

人，既是自然的人，更是社会的人。在一个社会中，要想行使自己的自由，就必须尊重别人的自由；就必须遵守社会的规则、规范、规矩。如同一个人驾驶汽车，行驶在路上，就必须遵守交通规则，这个交通规则，就是驾驶人所必须遵守的纪律。

为什么黑格尔特别强调纪律要作为自由的第一条件？当然，如果世上没有了法律纪律等的约束，人们就会为所欲为，自然环境就会受到破坏，疾病就会到处蔓延，人类就会走向毁灭的，自由也就无从谈起。

其实，作家、教授、茅盾文学奖获得者梁晓声就曾经深刻地论述过这个问题。

他说：文化是植根于内心的修养，是以约束为前提的自由，是不用提醒的自觉，是为别人着想的善良。

{105 美与发现美

世上不是缺少美，而是缺少发现美的眼睛。

生活所感 · 读书所得

这是罗丹的一句名言。

2019 年 8 月月底到该年 9 月月初，我与夫人到西藏旅游了 8 天。最后一天，一对刚从四川到西藏的夫妇，在饭桌上问我们："你们已经去过西藏不少地方了，你们认为西藏好不好玩？风景美不美？"

我对他们说："这要看你们用什么眼光、以什么样的心态看西藏。"

他们说："这是实话！"

西藏的风景简直是大美、超美！

我们去过的布达拉宫、大昭寺、八廓街、雪山、草原、湖泊、神山、大峡谷，就风景而言，都很美，让人陶醉！

而且，我们还领略了藏族文化、藏传佛教的文化；了解了当地的风土人情、风俗习惯；品尝了酥油茶、牦牛肉；长了很多见识、知识。

我和夫人都觉得这一趟来得太值了，远远没有看够，如果

有机会，今后还想去一下后藏，到日喀则、阿里、可可西里去看一下才好！

但也有的人去了后，总是埋怨：空气稀薄、缺氧、气压低，喘不过气来、胸闷、睡不好；荒山秃岭，成天坐车，有什么好看的？

总是抱怨、挑剔的人，就是没有发现美的眼睛！就是没有欣赏美的心态！当然，也就没有欣赏美的福气！

诗人说了：你站在桥上看风景，看风景的人在楼上看你；明月装饰了你的窗子，你装饰了别人的梦。

诗人发现了生活的美，并用美妙的语言去讴歌生活中的美。

画家发现了山水的美，并用手中的妙笔把山水之美展示出来。

歌唱家发现了人与事的美，并用美妙的音乐旋律唱出来。

旅游者外出旅游，如果有一个发现美的心态，一双发现美的慧眼，那么，处处皆是美丽的风景！

诗人、画家、歌唱家、旅行者等，都是如此！

学会发现美，是一个人应该具备的素养、修养、学养、涵养、教养，灵魂的深处会得到升华！

有发现美的能力，是一个人的本领、本事、能力、层次，也将使自己的人生更有趣，更丰富多彩，更加幸福！

> **假如没有热情，**
> **世界上任何伟大的事业都不会成功。**

生活所感·读书所得

这是黑格尔的一句名言。

我喜欢黑格尔的一些名言，尽管他是唯心主义者，但辩证法的思想让我崇拜！

我在重庆大学读本科时学过一点黑格尔的哲学。

多次读过也很喜欢黑格尔的这两段话："假如没有热情，世界上任何伟大的事业都不会成功""没有激情，任何伟大的事业都不能完成"。

在全国做了许多场演讲，我的自我评价是："水平不高，但态度端正。"别人评价："曾老师至少还是有激情的！"

人生在世，岂止演讲，做任何事都应该有热情、有激情，倾注感情，"天若有情天亦老，人若无情死得早"！

读书学习、本职工作、为人处世、写文章、看文章、家庭生活、出门旅游、吃饭、喝茶等，没有一点热情激情，什么都不屑一顾，做什么事都觉得没意思，什么都提不起精神来，懒眉懒眼的，

225

那无疑行尸走肉，恰似没有灵魂一般！

　　让激情融合在日常琐碎的生活中，让热情体现在对待生活、工作、学习的平常事务里，让热情与激情表现在待人接物的具体交往中，让我们的灵魂深处具有当爱已成往事的元素，从而，用激情和热情燃烧我们的岁月！

　　一个人，有了激情与热情，平凡的生活就不平凡，简单的工作就有了事业的伟大意义，枯燥的事务就变得有趣，烦琐的事情就显得很有价值。

　　黑格尔的思想得益于阅读大量的书籍以及从未停止的思考！

　　黑格尔对阅读和思考充满热情和激情！

{107 灵魂的空白

给灵魂留一点空白。

生活所感·读书所得

小时候就听过一个故事：

古时候，一个县官很想得到某知名画家的一幅画，又不愿意出一文钱，画家却答应送给县官一幅画。

这一天，画送来了，县官一看，一张白纸上一片空白，什么也没有。他问画家，这幅画怎么是一张空白的纸，什么也没有？

画家说，老爷看好了，我画的是"牛儿吃草"。

县官再仔细看："没有草啊！"

画家说："被牛吃光了！"

县官问："那牛呢？"

画家回答："牛吃饱了，就跑了！"

也许这只是一个笑话，但是，所谓的空白，就是空着的地方，没有填满的部分，什么都没有。

不是常听人说吗："这个时候，我的大脑处于一片空白，什么都没有。"

一张纸上，什么也没有写，什么也没有画，是空白的。

其实，空白也是一抹色彩，甚至是一抹绚丽的色彩！

老子在《道德经》中说："大音希声，大象无形""天下万物生于有，有生于无""不言之教，无为之益，天下希及之"。

无即是有，空即是色。

于无画处观景，于无声处听音，于无字处看书。往往无画胜有画，无声胜有声，无字胜有字。空白之处，不着一墨，无有一字，尽显风流。

无言的教诲，无所作为的益处，天下很少有人能做得到。

给大脑留一点空白，甚至在一定的时候，让大脑处于一片空白，清空一些东西，格式化一些东西，忘掉一些东西，去掉一些烦恼！

给心灵留一点空白，让自己有喘气的时候，在禅静中恬适，在悠闲中悟道，从纷繁复杂的尘世中解脱一会儿，权当"吸氧"！

给人生留一点空白，执着地努力奋斗是必需的，"小车不倒只管推"，但也需要有空闲时间来充电，留意人生旅途的优美风景！

给朋友、亲人留点空白，与他们保持一定的距离，要知道，距离产生美，别人也需要保护隐私，也有其他生活圈子、朋友圈子要维护！

给灵魂留点空白，一个人的灵魂深处不能塞得太满，有空白、有空间、有缝隙，新鲜的空气才进得来，才能摆渡到理想的彼岸。

给生命留点空白，这样的生命才能简单而有趣，这样的生命才能魅力四射、焕发光彩，才有心灵的宁静、精神的愉悦、灵魂的平凡而高尚。

啊！原来，留白是一门生活的艺术，是一门摆渡灵魂的艺术！

{108 灵魂的流露

灵魂在不意中流露，本性在平淡中显现。

生活所感 · 读书所得

民间流传很广的一个故事：

有一次，李鸿章带了三个人，请曾国藩任命差遣，当时曾国藩刚吃饱饭正在散步。他有饭后缓行三千步的习惯，所以那三人就在一旁恭候，散步之后，李鸿章请他接见那三人，曾国藩却说不必了。

李鸿章很惊讶！

曾国藩说道："在散步时，那三个人我都看过了。第一个人低头不敢仰视，是一个忠厚的人，可以给他保守的工作；第二个人喜欢做假，在人面前很恭敬，等我一转身，便左顾右盼，将来必定阳奉阴违，不能任用；第三个人双目注视，始终挺立不动，他的功名，将不在你我之下，可委以重任。"

后来这三人的发展，果然不出曾国藩所料，而第三个人就是开发台湾有功的刘铭传。曾国藩的高明之处就在于，他在散步的过程中不动声色地仔细观察了这三个人，这是一场未做事先通知的考试。

因此，三个人的表现也都发乎本性。灵魂深处的东西，乍一看看不见，乍一摸摸不着，一般隐藏得很深，会用华丽的外表包装。但是，它可能会在不经意间流露出来，发乎本性的东西也会在平淡中自然表现出来。

民间盛传曾国藩有"相面术"，且很高明，说他会麻衣神相，有些人只要见过一次，他基本就能断定此人能够干什么，能不能委以重任。

其实，曾国藩辨识人才与民间看相是不同的，或者说是"小同大异""形同实异"，当然，根本就不是什么麻衣神相。

曾国藩识人的要义在于：

通过人的外在形态来体察其内在的精、气、神，从而由表及里地洞悉其心地和志趣，甚至人的灵魂深处。目的在于"看透人之后再用人"，避免盲目选人、糊涂授权。

曾国藩察人，并非全凭相貌，他更善于在日常生活中，"听其言知其心志，观其行测其实力，析其作辨其才华，闻其誉察其品格"。

这真是：国藩识人非神相，不动声色观动向。发乎本性尽显露，洞悉心志选栋梁。

{109 行为之决定

> **我自己的行为决定孩子的一生。**

生活所感·读书所得

我很喜欢曾国藩这句朴实的话，这也是曾国藩家风家教的精髓所在。

曾国藩为官，常年在外，他的夫人欧阳氏长期主持家务，督课子女，是曾国藩治家之道的支持者、襄助者和力行者。欧阳夫人的持家风格，不外乎"勤俭"二字。

虽然丈夫是封疆大吏、权倾一方，她自己也先后被朝廷封为一品夫人、一品侯夫人、一品侯太夫人，她的俭朴却令人难以相信。女儿曾纪芬回忆说：父亲在军中时，他们随母亲在老家居住，由于曾国藩"以廉率属，以俭治家，誓不以军中一钱寄家用"，欧阳夫人手中竟没有零钱可供支配。拮据到这种地步，外人都不敢相信，认为督抚大帅之家不应窘乏至此。

说到勤劳，欧阳夫人更是为家人和儿女做出了榜样。无论是在湘乡老家，还是随丈夫辗转南北，她都坚持带领弟媳及女儿、儿媳妇一起纺纱、绩线、织布、做鞋。曾国藩曾高兴地写信给弟弟说："家中妇女大小皆纺织，闻已织成六七机，可为欣慰。"

在安庆、南京的两江总督官署中，欧阳夫人也坚持不懈，婆媳、母女、姑嫂一同纺织，不觉劳苦，其乐融融。所以，曾国藩的后人在"勤俭"二字上，都得到了曾国藩和欧阳夫人的真传。

当年有人问曾国藩："你的夫人在家里做什么？"曾国藩回答说："在家里七七八八。"

人家不解，又问："七七八八是什么呢？"曾国藩解释说："七，就是柴米油盐酱醋茶；八，就是孝悌忠信礼义廉耻。"

曾国藩的家风家教甚好，是曾氏后人的榜样、楷模。

到 21 世纪初，曾国藩家族绵延十代，至今没有出现过"败家子"，共出了有名的人才 240 多名，200 多人接受了高等教育，有不少人留学欧美和日本，构成了一个名声远播的华夏望族。

曾国藩重视家人、子女的教育，他教子有方，好家风得以传承，为世人称道、学习。曾国藩身居要职，公务繁忙，长年在外带兵打仗、为官，无法经常督促子女、当面教育孩子，于是，委托夫人教育孩子，并且写信成为他教育子女的重要手段。怀着对家人的一片爱心，他写了 1 400 多封家书。他的家书，贯穿了六个字："谦、俭、勤、止、孝、学"。除了对家人、孩子的"言传教育"，他还特别注重以身作则的"身教"。曾国藩的家教座右铭："我自己的行为决定孩子的一生。"

曾国藩一生严于律己，他很重视自己的一言一行对孩子的影响，凡要求孩子做到的，自己先做到。

有诗为证：几近完人曾国藩，育子有招谦为先。七七八八传佳话，欧阳夫人效勤俭。

{110 独清与独醒

举世皆浊我独清，众人皆醉我独醒。

生活所感·读书所得

这两句名言本出自先秦的《渔父》，忽略语句中的"孤傲"之意，这句话的深意其实很值得人玩味思考。

《宋书》里说了这样一个故事：

从前有一个国家，国内有一汪泉水，号称"狂泉"，也叫"疯泉""疯狂泉"。

这一口泉，泉水很特别，这个国家的人只要喝了这泉水，没有一个人不发狂、发疯的，屡试屡爽。特别奇怪的是，全国的人都疯了，只有这个国家的国君没有疯、没有狂。

一段时间后，这个国家已经疯了的人，都觉得疯狂了的人很正常，反倒说国君怪怪的，说国君不疯才是真疯。

于是，全国人就都聚集起来谋划，抓住国君，要治疗国君"发疯"的病。国人用了很多的方法治疗国君，如针灸、草药等，全都用遍了。国君不能承受这种苦难，因此就去了"狂泉"所在地，舀来泉水一阵猛喝，天天坚持喝，大剂量地喝。不久国君如同众人一样，也疯狂了。

233

这时，国君和全国的臣民都发疯了。这样，这个国家里的人都非常高兴。

这只是一个古代笑话，实际上，无论在哪个地方，都不可能有这种"狂泉""疯泉"，也不可能全国人民都喝了而疯狂的。

但是，冷静思考一下，这个故事也很有趣。

在一个没有是非的地方，是，可能就是非；非，可能就是是。你做了好事，别人反而会不喜欢，甚至憎恨你。

在一个黑白颠倒的地方，你洁身自好，反而会被别人说成一身黑。

众人皆醉我独醒。一个有健康头脑、正常行为的人，要想在众人颠倒黑白的环境下保持清醒，是极其困难的。

尽管如此，我们还是提倡"出淤泥而不染"，举世皆浊，我也要保持一分清廉，也提倡"洁身自好"。而且，我们应该坚信，就整体而言，就长久而言，这个社会，好人毕竟是多数，乌云终究遮不住太阳！

"狂泉"在何处？心魔人人有。莫信人人疯，自我更优秀。

{111 利害两相权

> **两利相权取其重，两弊相权取其轻。**

生活所感·读书所得

这是古代流传下来的一个俗语，无从考察其出处，但是，现代人引用率特别高。

想起了《郁离子》中的一个故事：

古时候，赵国有一户人家，有鼠患，搅得家里不安宁，全家深受其害，对老鼠深恶痛绝，于是，为了消灭老鼠，就到邻近的中山国去借猫。

中山国的人家深表同情，慷慨地借给了这家一只很会捉老鼠的猫。但是，他们发现，借回来的会捉老鼠的猫，也喜欢捉鸡吃。

一个月之后，老鼠被猫捉干净了，而鸡也被猫吃光了。

他的儿子为此埋怨再三，认为猫是祸害，对父亲说："为什么不把它除掉呢？"

父亲说："这不是你认为的那样。我们的祸患在于家里有老鼠，不在于没有鸡。老鼠偷吃粮食，咬烂衣物，钻穿墙壁，啃坏家具，这样下去，我们会挨饿受冻，这比没有鸡更糟！没

有鸡，我们只不过不吃鸡肉罢了，离挨饿受冻还远呢！为什么要把猫除掉呢？"

人们的理想是追求十全十美，既想让猫捉了所有老鼠，从而没有鼠患，全家安宁，又想鸡不被猫吃掉。但是，天底下哪有这么完美的事？有人说了："完美，完美，只有完了才美，不完之前，是没有完美可言的。"

也就是人们常说的："鱼和熊掌不能兼得。"

当然，有人说，我可以用电子灭鼠器呀，我可以搬家呀，其实，这些都是正确的废话。

所以，在做许多事情之前，在做出决策之前，要把利弊考虑好。把借来猫的"利"尽量考虑到；又把借来猫的"弊"也尽量考虑到。然后再权衡利弊：两利相权取其重，两弊相权取其轻。

权衡利弊而为之。都有利，选利重的；都有弊，选弊轻的。

有道是：完美无缺哪里找，权衡利弊决策好。为除老鼠借来猫，无鸡损失忽略掉。

{112 管仲论害霸

不能知人，害霸也；

知而不能任，害霸也；

任而不能信，害霸也；

既信而又使小人参之，害霸也。

生活所感·读书所得

这段话出自人称"华夏第一名相"管仲的《霸言篇》。

春秋时，齐桓公在贤相管仲的辅佐下，曾称霸中原。

管仲病危时，齐桓公去看望他，说："仲父，您病了，有什么话教诲我吗？"管仲说："我希望你能疏远易牙、竖刁、常之巫、卫公子这些人。"桓公说："易牙用自己儿子的肉来孝敬我，说明他爱我胜过爱他的儿子。"管仲说："如果他对自己儿子都很残忍，对君主怎么能好呢？"齐桓公又说："常之巫能预知人的死期，能治疗我的顽疾，难道不能信任他吗？"管仲说："死生由命，顽疾是身体上的毛病，你不能掌握自己的命数，守住自己的根本，却依靠常之巫维系健康，他将会因此而为所欲为的。"齐桓公说："卫公子启方，侍奉我已十五年了，为了我，他父亲死了都没去奔丧，说明他爱我胜过爱自

己的父母,这样的人还不能信任吗?"管仲说:"人最亲的莫过于父母,对父母尚且如此无情,又何况对他人呢。"桓公认为管仲话有理,便忍痛答应了。

管仲死后,齐桓公便驱逐了这四个人。但四人走后,桓公食不甘味,夜不酣寝,更没有心思上朝理政,且旧病复发,着实难受。但由于管仲当初有言在先,所以也就强忍煎熬坚持了下来。又过了三年,桓公实在忍不下去了,便说:"仲父的话也太过分了,此四人有益于我而无害于国。"就又把他们召回朝廷。次年,桓公病了,常之巫造谣说:"桓公将在某日死去。"于是易牙、竖刁、常之巫勾结起来发动政变,把桓公的宫门堵住,不准任何人进出,并在宫外筑起三丈多高的围墙,且断绝了他的饮食,最后把桓公给活活饿死了。齐桓公临死时,流着泪叹息说:"唉!恨我当初没听仲父的话,以致落到今天这个下场,仲父真是圣人啊!"

这是典型的"不能知人,害霸也"。

在上面这个故事中,管仲临死前,评价四个人的那一番话,应该是正确的。管仲与齐桓公观察人有根本性的不同。齐桓公注重的是表面现象,易牙、竖刁、常之巫、卫公子这四个人,表面上对齐桓公好,而实际上心里想的却是另外一回事。这些表面上的好,只是阿谀奉承、溜须拍马。而管仲看的则是那几个人的人品。所以,齐桓公最终深受其害,应该说,是齐桓公不听管仲的劝告,自己害了自己,害了他的霸业。

这正是:试玉须待十日满,识人也要十年功。齐王识人看表面,怎比名相一管仲。

{113 太阳之伟大

> **太阳之所以伟大，在于它永远消耗自己。**

生活所感·读书所得

写过《修炼阳光心态》的畅销书，做过数百次"阳光心态"方面的演讲，写过若干篇关于太阳的小诗、散文、随笔，拍摄过几百张太阳的照片的我崇拜太阳。

为什么？如同这句民谚所说：

太阳，总是在燃烧、消耗自己，给世界带来了热量和光明，而且，从不要求一丝一毫的回报。就是月亮和一些星星之所以能发光和那么美丽，也都是因为太阳的缘故。

听过这样一个故事：

古时候，一家五口人在村里过日子，很快乐。

三个儿子长大了，却遭遇连年征战，三个儿子都被征召去当兵了，可是，一去就杳无音信。夫妻俩老了，想念三个儿子，不知流了多少泪。

后来，老两口想通了，儿子不在身边，是死是活也不知道，只有相依为命了。而且，老婆婆对老大爷特别好，十里八乡的人都知道。

一天，一个乡邻问："老婆婆，您对老伴那么好，难道他就没有缺点吗？"

老婆婆回答说："有，太多了，他的缺点如天上的星星，多得不得了！"

乡邻又问："您的老伴难道就没有优点吗？"

老婆婆又答："有，优点只有一个，优点如太阳。"

乡邻感到奇怪，又问："既然您的老伴有那么多的缺点，只有一个优点，您为什么那么爱他，对他那么好呢？"

老婆婆笑着答道："要知道，太阳一出来，星星就都没有了。"

人常说"少来夫妻老来伴"，的确如此。

就是在今天的社会里，儿女们长大了，许多都要外出求学、务工、经商、当干部，甚至有不少出国留学，然后在国外定居的，于是，在城里、农村都产生了许多"空巢老人"，就是在身边的孩子，许多也没有与父母居住在一起。所以，许多老人也想通了，人是必然要老的，这是自然规律，要养老，既靠孩子，也靠社会。但是，在能够自立自主的情况下，还要靠老夫妻俩相互帮助。

夫妻俩待在一起的时间长了，年龄都大了，感情却可能越来越深厚了，但也可能因为一些小事产生一些误会、纠纷，甚至是矛盾。这时，就应像故事中的老婆婆一样，多看对方的优点，包容对方的不足，多想想太阳的优点，让心中的太阳永不落。

{114 无愧而自适

生活所感·读书所得

我读过很多次明代方孝孺的这两句话，特别喜欢他的"自适"二字。

其实，"自适"二字，简单、平常、易懂，内涵却深邃、丰富、广阔，韵味无穷，哲理性强！

其实，"自适"二字，最早出现在《庄子·骈拇》中，原话是这样的："夫适人之适，而不自适其适，虽盗跖与伯夷，是同为淫僻也。"

"自适"的原意是"悠然闲适而自得其乐"。

社会上流行着这样一句话：快乐是自己找的，烦恼是别人给的。

其实，一个人的烦恼，在很多情况下，也是自找的。不是有"自寻烦恼"这一说法吗？不是陆游也有"天下本无事，庸人自扰之"的名句吗？

快乐也是自找的。

那婴儿，看着天花板，他会自个笑出声，他自己咬着手指

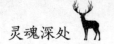

头高兴得很，他看到一个小虫子会愉快好半天，大人们很难理解，这有什么可笑的，这有什么可乐的，但是，他就是自找快乐！

青少年，学习的压力大，有的人就自找快乐！

壮年了，上有老，下有小，人生的挫折有很多，有的人自得其乐！

老年了，老态龙钟，疾病缠身，但有的人总是乐观面对。

举目四望，用手一摸，用脚一踢，用鼻子一嗅，用耳朵一听，到处都快乐。关键是要有一双发现快乐的眼睛，有感受快乐的心境，从自己的灵魂深处感到快乐。

清晨的一阵风、满眼的翠绿、同事的一声问候、群友的一个点赞，你不妨都把它们当成自找的快乐。

烦恼多多，压力大大，挫折连连，损失不小，也可以把它们变成快乐。

听别人讲过这样一个故事：古时候，有一个人总是抱怨自己贫穷，连鞋都买不起，总是赤着双脚。有一天，他在街上看见一个双腿都没有的人，还高高兴兴地有说有笑，他顿悟：我毕竟还有双脚呀！

自适，自己找快乐，自得其乐，还要把别人给的快乐当成快乐，甚至把别人给的折磨当成快乐，因为它可能使你坚强，最终让你快乐！

有人说，自得其乐的最高境界是帮助别人快乐，给别人带来快乐。

当然，"自适"应该还有"自我适应"之意。一般人都能想到要适应社会、适应环境、适应团队、适应领导、适应同事与下属，但很少有人会想到自我适应。特别是要自我适应去"自找快乐"。

做最好的自己，就是做一个"自适力强的人"，做一个能够自己找快乐的人。

《童年稚梦》 曾星玥（2019 年）

{115 阳光的向背

> 面向阳光，阴影在背后；
> 背对阳光，阴影就在眼前。

生活所感 · 读书所得

我的专业是政治经济学，曾经是教学和研究方面的一把好手。其他基本上都是业余的，包括写作、搞乐器、打篮球、演讲、书法、摄影等。

在全国游学多年，在世界上一些国家和地区、在国内多地旅游，拍摄过成千上万张照片，相机也比较业余。

没有进入摄影培训班学习，更没有拜师学过摄影；从未配过专业的"长枪短炮"型的摄影器材，先后买过两个"傻瓜相机"，但只是拍拍照片而已。

现在都是用手机拍摄，像素较高，效果较好，但还是不专业。

不少人发现，我在微信群、朋友圈中"晒"的照片，很少有月亮和星星的照片。很多都是太阳的照片。

我喜欢拍摄太阳。

我先后拍摄过几百张太阳的照片。

在《情之深深：曾国平文化作品选》一书中，发表的 21 幅摄影作品，其中有 13 幅拍摄的是太阳，这其中，又有 12 张拍摄的是朝阳和夕阳。一方面，一早一晚，拍摄朝阳和夕阳，这时的太阳光线不太强，便于拍摄；另一方面，晨曦和夕阳，都是红红的，颜值特高，特别好看，很美，很养眼。

我喜欢拍摄红红的太阳。

中午前后的太阳，光线太强，不太好拍摄。

但是，我喜欢透过树叶缝隙拍摄太阳的光线。

在重庆大学城，我于 2020 年 7 月就拍摄了一张树叶缝隙中的太阳，阳光穿过树叶缝隙，放射出道道"赤橙黄绿青蓝紫"那七色的光，美极了！

而且，我拍摄太阳时，整个人都是面对太阳，阳光笼罩全身，舒服！

当我拍摄太阳时，我是正面对着太阳的，面向阳光，阴影在我的背后。我可能看到了我的背景，那是阴影，我不会在它上面浪费时间，不会让它影响我的心情。

而当我背对着太阳时，阴影就在我眼前，放眼望去，满眼都是阴影。这时，我自拍出来的照片，在逆光的作用下，面部也是黑黑的。

尽管阳光越强烈的地方，阴影就越深邃。但是，我相信："阳光所照之处，就是我安身立命之地。"

245

{116 精明与厚道

> **精明的最高境界是厚道。**

生活所感·读书所得

精明与厚道，都是对人的夸奖。

这人精明能干。

这人待人厚道。

但也有人把二者对立起来，好像精明者不太厚道，厚道者不太精明。

精明，一般是指精干聪明。厚道，则是指不刻薄，待人诚恳，实在，不夸张、不骗人。

俗话说得好：心存厚道，人必帮之，天必佑之。

可以说，厚道，是无为而为，是看不见的道德；人格的回味，如江河深层的劲儿，它有力量，但表面不起波浪，它让人心里暗暗佩服，有高尚的人格魅力，灵魂的征服力。

厚道之人，作为朋友，可交；作为老师，可敬；作为同事，可信；作为上级，可从；作为下属，可用；作为老师，可亲。

当领导的人，手中有权力，最大的厚道是运用手中的权力，为下属的成功和优秀，提供机会，搭建舞台，建造平台。热心为下属办事，不求回报。下属有错误，正确对待，不一棍子打死，再给一次机会。

经商之人特别需要厚道。如果太精于算计，只考虑把自己的利益最大化，那有谁愿意与之合作呢？

民间不是说了，"有钱大家赚"。试想，你一个人把钱赚完了，别人不可能持续"和你玩"。

厚道者实施双赢、多赢、共赢战略，摒弃"零和思维"。

"弱水三千，只取一瓢"，本是一佛经故事中的用语，寓意在一生中可能会遇到很多美好的东西，但只要用心好好把握住其中一样就足够了。也比喻对爱情忠贞、专一。《红楼梦》中贾宝玉借用此典表示对林黛玉的喜爱。

其实，现在人们用这句话，还表示做人不要太过贪婪。

有一个多种版本的故事，意思大体相似：

有一个很有本事的商人，把自己的企业经营成了百年老店。曾经几次遇到风险，濒临倒闭，最后都能够逢凶化吉，遇难呈祥。

在他即将逝世之时，告诉了儿子经商赚大钱的秘诀："只拿六分"。这位父亲告诉儿子："与别人合作，拿七分合理，八分可以，我们家只拿六分。"

显然，这是典型的经商厚道、做人厚道的案例。

{117 灵魂的干净

> **人的品级，不在于出身阶层，**
> **有多少财富，而是灵魂干净。**

生活所感·读书所得

我读过网络作者"情愫夜未央"的一篇文章"与灵魂干净的人同行"，对他的观点深表赞同。

该文章中引用了这样一段话："山的价值，不在于峰峦叠嶂，而在于地理位置；水的重要，不在于积水成渊，而在于包罗万象；人的品级，不在于出身阶层，而在于灵魂干净。"

"对一个人的最高评价，莫过于灵魂干净。"

说得好哇！

首先，一个人自己的灵魂要干净。

灵魂深藏着，怎么看得见干不干净？其实，一个人灵魂深处的东西会外化，通过工作、生活、学习，通过一言一行、一举一动，通过为人处世，甚至在微信群、朋友圈中的表现、原创的或转发的帖子，也能不经意间显现出来。

契诃夫说过："人的一切都应该是干净的，无论是面孔，衣裳，还是心灵、思想。"

法国女作家妙莉叶·芭贝里创作的长篇小说《刺猬的优雅》中有一段："只有频率相同的人，才能看见彼此内心深处不为人知的优雅。"

习近平总书记讲了："老老实实做人，干干净净干事""要干事，更要干净""领导干部要怀着如临深渊、如履薄冰的心态保持干净"。

什么样的人灵魂干净？那"五个人"应该是吧！毛主席说了："一个人能力有大小，但只要有这点精神，就是一个高尚的人、一个纯粹的人、一个有道德的人、一个脱离了低级趣味的人、一个有益于人民的人。"

其次，要与灵魂干净的人同行。

俗话说得好，居要好邻，行要好伴。与干净的人同行，不仅仅是自己安全，而且会有更多的共同理想、共同语言，可以有共同的作为，干出一番有益于人民的事来。

什么样的人是自己需要的共同前行的灵魂干净的人？

应该是善良的人、厚道的人、不算计别人的人，有仁爱心的人；是同频、同道的人，是"三观"相合、一致的人。道不同，不相为谋；灵魂不干净，"三观"不正，不能同行，怎能为伍？怎能同群？怎样为夫妻？怎能共事？

而且，你与干净的人同行，你会受其影响，近朱者赤，净化自己的心灵，让自己的灵魂也干净起来。因为，人的一半是天使，一半是魔鬼，每个人的灵魂都有过不干净的东西。如果与灵魂干净的人同行，以他为自己灵魂的镜子，可以让自己不

干净的东西逐渐去掉，让自己的灵魂更加纯粹起来。

再有，去影响别人，让别人的灵魂也干净。

这个世界，虚假的东西不少，灵魂肮脏的人也是有的。不要说别的，就看一下他写的书、发表的演讲、在微信群发的帖子，就能知道他的灵魂干不干净了。

一个人，保持自身的灵魂干净，如荷花，出淤泥而不染，无论是东南风还是西北风，我自灵通干净不随波逐流，这是难能可贵的，也是非常不容易的。

但是，一个人，灵魂干净的更高境界，应该是在自己灵魂干净、不断荡涤污浊的基础上，帮助别的人做到灵魂干净。在家里，父母对孩子；在学校，老师对学生；在职场，领导对下属；在微信群，群主对群友、群友对群友，不也应该尽这样的义务吗？

比如，你在微信群发的一帖、一文，其实，都可以帮助别人净化心灵的。

250

做一个灵魂干净的人，按照伟人说的去做：提高内在的修养，慎独慎微，约束好自己。

{118 趣魂与魂趣

> **活在趣味之中，生活才有价值，人生才有意义。**

生活所感 · 读书所得

生活本来就是有趣的，人生，本来就是很有趣的！

"绮风已自怜，暄风多有趣。"

一个人、一件事、一场演讲、一篇文章、一个故事、一本书、一场电影、一部电视剧，包括与别人沟通、教学、文娱节目，都应该有趣。

有趣，才可能让自己、让别人高兴，愿意继续交往、交流下去，即有"兴趣"。

有趣，才有味道。一场演讲、一堂课程下来，没有妙语，没有故事，就没有"趣味"。

要做到有趣，就要在表情达意、交流情感时，做得高雅、健康、文明一些，充满感情、激情，谓之"情趣"。

有趣，共同的理想，共同的努力，"三观"一致，同频同道，有共同语言，志向相同，谓之"志趣"。

说话做事，幽默，诙谐，具有"使人发笑的元素"，以愉悦的方式娱人，它轻轻地挑逗人的情绪，像搔痒一样。它笑中

带泪，静中带笑，人们管它叫"风趣"。

有趣，不是只讲笑话，不只是机智，更不是只笑笑而已；过于理性反而无趣，一板一腔的，幽什么默，风什么趣？有的东西有时看起来很怪异、很荒诞，但的确很幽默、很有趣。有趣也不是纯粹娱乐、油腔滑调、插科打诨、凭嘴弄舌、哗众取宠、低级趣味、说一些黄段子、挖苦他人，而是看对象、看场合的讽刺。这就是所谓的"妙趣"！

了无情趣的人，谁愿意与之交往？谈恋爱成功的概率都要小得多！

成功的演讲者，大多是有趣的人，是幽默风趣的人。

有一位姓汪的女士在进行人力资源培训时讲道，成人培训有五大要求：

有说服力、内容充实、激动人心、风趣幽默、印象深刻。

这五个方面都很重要。但是，要把这五个方面排一下序，怎么排呢？

她认为，印象深刻排第一，风趣幽默排第二，激动人心排第三，内容充实排第四，有说服力排第五。

我赞成她的观点。成人教育，能记住的不多，但有某一点、两点让他印象深刻就相当不错了。怎样才能做到？幽默风趣就是一个很好的方法。

我国的大学问家梁启超，也是一名演讲家、幽默大师，他就是一位灵魂有趣的人。有一次，他在东南大学演讲时讲道："做学问也要有趣。"

他说："我是个主张趣味主义的人，倘若用化学化分'梁启超'这个东西，把里头所含的一种元素名叫'趣味'的抽出来，只怕所剩下仅有个'0'了。"

他说，凡人必须常常生活在趣味之中，生活才有价值。

他说，"天下万事万物都有趣，我只嫌一天24小时不能扩充到一天48小时，总感觉时间不够用。我一年到头不肯歇息，问我忙什么？忙的是我的趣味。"我认为这便是人生最合理的生活。

他说，凡属趣味，我一概都承认它是好的。

什么叫趣味，梁启超下的注脚是：凡一件事做下去，不会生出与趣味相反的结果的，这件事便可以为趣味的主体。

他认为，凡趣味总要自己领略，自己未曾领略到时，旁人没法告诉你。如人饮水，冷暖自知。

我倒认为，有趣的延伸就是喜欢、快乐。

老百姓为什么对喜剧包括相声、小品等情有独钟？就在于有趣后的喜悦。

恭喜、贺喜、同喜、福喜，老百姓总是喜欢有喜事的，喜事连连，喜气洋洋，欢天喜地，于是喜剧就应运而生了。

由于给人们带来了乐、趣、喜，人们就喜爱幽默，也喜爱喜剧了。

灵魂有趣的人，拥有阳光的、健康的好心态。

灵魂深处的有趣，会通过很多形式表现出来，其中一个重要的形式就是"发自内心地笑"。

笑比哭好!

心理学家认为,充满喜悦的笑,是人良好情绪的反应。笑是一种有用的体操,可以冲散心中的积郁,让人愉快、乐观,是一项有益身心的健康运动。笑的过程牵动膈肌上下振动与腹肌的收缩运动,对内脏各器官起到推压、按摩的作用,增强毛细血管功能,促进血液流动,从而增强心脏的功能;笑采取的是深长的腹式呼吸,对提高呼吸肌功能、增加肺活量有重要的作用。

笑的过程还能使大脑皮层形成一个特殊的兴奋灶,使其他区域被抑制,从而使大脑得到更好的休息。

笑能牵动面肌不同程度的运动,促使面部血液循环,使人容光焕发、青春永驻。

有人讲,笑的作用远胜于同等时间内的慢跑。

笑甚至还可以挽救人的生命。

据说,美国有个叫卡曾斯的新闻记者,突然胸部剧痛,后经权威医生会诊,断言他将不久于人世。卡曾斯是个豁达的乐观派,他找了一批喜剧片,整天沉醉在滑稽大师的有趣表演之中,天天被逗得哈哈大笑。不久,疼痛慢慢减轻直至消失。他干脆不住医院,回家为自己安排了养病三部曲:吃饭、大笑、睡觉(休息)。

一个人笑1分钟,全身将放松47分钟。

法国人建议每天至少要笑30分钟。

而一位医学博士建议,在一天之内,女士必须笑13~16次,男士至少必须笑 17 次。男人应该比女人多笑一些。

契诃夫这样说：不懂得开玩笑的人是没有希望的人。他们就算是聪明绝顶，也算不上真正有智慧。

人嘛，来世上走一遭不容易，做一个有趣的人，做一个给别人带来趣味的人，才不枉此生，是人生的一大幸事呢！

让我们带着哭声来，带着笑生活，带着微笑去！

255

《守护》　曾星玥（2019 年）

图书在版编目（CIP）数据

灵魂深处：生活所感·读书所得 / 曾经主编；曾
国平撰文. -- 重庆：重庆大学出版社，2021.5（2024.9重印）
ISBN 978-7-5689-2641-6

Ⅰ.①灵… Ⅱ.①曾…②曾… Ⅲ.①汉语—格言—
汇编 Ⅳ.①H136.33
中国版本图书馆CIP数据核字(2021)第061243号

灵魂深处：生活所感·读书所得
LINGHUN SHENCHU：SHENGHUO SUOGAN·DUSHU SUODE

主　　编：曾　经
撰　　文：曾国平
责任编辑：赵艳君
版式设计：马　恺
责任校对：刘志刚
责任印制：赵　晟
重庆大学出版社出版发行
出版人：陈晓阳
社址：重庆市沙坪坝区大学城西路21号
邮编：401331
电话：（023）88617190　88617185（中小学）
传真：（023）88617186　88617166
网址：http://www.cqup.com.cn
邮箱：fxk@cqup.com.cn(营销中心)
全国新华书店经销
重庆升光电力印务有限公司印刷

开本：720mm×1020mm　1/16　印张：17　字数：178千
2021年5月第1版　2024年9月第2次印刷
ISBN 978-7-5689-2641-6　定价：42.00 元